insider Adventure insider Adventure insider Adventure insider Adventure insider Adventure insider
Adventure insider Adventure insider Adventure insider Adventure insider Adventure insider Adventure
insider Adventure insider Adventure insider Adventure insider Adventure insider Adventure insider
Adventure insider Adventure insider Adventure insider Adventure insider Adventure insider Adventure
insider Adventure insider Adventure insider Adventure insider Adventure insider Adventure insider
Adventure insider Adventure insider Adventure insider Adventure insider Adventure insider Adventure
insider Adventure insider Adventure insider Adventure insider Adventure insider Adventure insider
Adventure insider Adventure insider Adventure insider Adventure insider Adventure insider Adventure
insider Adventure insider Adventure insider Adventure insider Adventure insider Adventure insider
Adventure insider Adventure insider Adventure insider Adventure insider Adventure insider Adventure
insider Adventure insider Adventure insider Adventure insider Adventure insider Adventure insider
Adventure insider Adventure insider Adventure insider Adventure insider Adventure insider Adventure
insider Adventure insider Adventure insider Adventure insider Adventure insider Adventure insider
Adventure insider Adventure insider Adventure insider Adventure insider Adventure insider Adventure
insider Adventure insider Adventure insider Adventure insider Adventure insider Adventure insider
Adventure insider Adventure insider Adventure insider Adventure insider Adventure insider Adventure
insider Adventure insider Adventure insider Adventure insider Adventure insider Adventure insider
Adventure insider Adventure insider Adventure insider Adventure insider Adventure insider Adventure
insider Adventure insider Adventure insider Adventure insider Adventure insider Adventure insider
Adventure insider Adventure insider Adventure insider Adventure insider Adventure insider Adventure

Fahrt ins Unbekannte

Die größten Entdeckungsreisen

Oetinger

Deutsche Erstausgabe

1. Auflage 2011

© Verlag Friedrich Oetinger GmbH, Hamburg 2011

Alle Rechte vorbehalten

© Originalausgabe: 2010 Weldon Owen Inc.

Titel der Originalausgabe:
Epic Adventures – Epic Voyages –
Magellan Cook Shackleton – Heyerdahl Chichester

© Text: Robyn Mundy, Nigel Rigby, 2010

Aus dem Englischen von Christiane Bergfeld

Printed 2011

ISBN 978-3-7891-8488-8

www.oetinger.de

Fahrt ins Unbekannte

DIE GRÖSSTEN ENTDECKUNGSREISEN

Robyn Mundy ▲ Nigel Rigby

Einleitung

Getrieben von wissenschaftlicher Neugier und Abenteuerlust, brachen jahrhundertelang wagemutige Seefahrer ins Unbekannte auf. 1519 machte sich Ferdinand Magellan zur ersten Weltumsegelung auf, die bewies, dass die Erde rund ist. Kapitän James Cook gelangte 1770 auf seinen Entdeckungsreisen bis an die Ostküste Australiens. Ernest Shackleton strandete 1917 mit seinem Schiff im Packeis der Antarktis. Thor Heyerdahl bewies mit der *Kon-Tiki*-Expedition 1947, dass man mit einem Holzfloß den Pazifik befahren kann. Und Francis Chichester gelang 1960 eine Weltumsegelung im Alleingang. Große Seeabenteuer wie diese faszinieren die Menschen bis heute.

Inhalt

Magellan 6

Die Schätze der Gewürzinseln • Hunger und Meuterei • Die Magellanstraße • 100 Tage auf dem Stillen Ozean • Widerstand der Insulaner von Mactan • Ruhmlose Rückkehr

Cook 14

Der Meisternavigator • Entdeckungen im Pazifik • Kartografie neuer Küstenlinien • Schiffbruch • Spätere Expeditionen • Erkundung der Polarregionen • Tod auf Hawaii

Shackleton 30

Wettlauf zum Südpol • Überquerung der Antarktis • Gefangen im Packeis • Land in Sicht • Heroische Fahrt auf stürmischer See • Rettung der gestrandeten Mannschaft

Heyerdahl 46

Die Wiege Polynesiens • Bau der *Kon-Tiki* nach antiken Plänen • Aufbruch in den Pazifik • Seeunglück • Exotische Meerestiere • Heyerdahls Vermächtnis

Chichester 52

Der Bruchpilot • Allein um die Welt • Die *Gipsy Moth IV* • In Captain Cooks Fahrwasser • Wettlauf mit der *Cutty Sark* • Reparaturen in voller Fahrt • Ein sicherer Hafen • Stürme um Kap Hoorn • Die Kalmen • Gefeierte Heimkehr

Gut zu wissen	60
Glossar	61
Register	62

FERDINAND Magellan

DIE *VICTORIA* sticht in See

UNTER FREMDER FAHNE
Schon als junger Page erhielt Magellan am portugiesischen Königshof Unterricht in Navigation, Astronomie und Kartografie — Kenntnisse, die er später auf seinen Entdeckungsfahrten für die Spanier nutzte.

Anfang des 15. Jahrhunderts wussten die Europäer noch wenig von der großen weiten Welt. In der zweiten Hälfte des 15. Jahrhunderts erschlossen die ersten Entdecker Seewege um die Südspitze Afrikas zu den gewürzreichen Ländern Südostasiens. Auf der Suche nach einem anderen Seeweg segelte Christoph Kolumbus 1492 von Spanien nach Westen und entdeckte den amerikanischen Kontinent. 1519 schickte der spanische König Karl I. mit Ferdinand Magellan einen erfahrenen Seefahrer aus Portugal ins Rennen um die letzte große Entdeckung der Südsee: *el paso*, eine Passage durch die »Neue Welt« zu den reichen Gewürzinseln Südostasiens. Mit einer Flotte von fünf Schiffen und 250 Mann Besatzung stach er in See. Drei Jahre später würde nur ein Schiff der Flotte mit 18 Überlebenden zurück in den heimatlichen Hafen laufen.

UMZUG NACH SPANIEN

Der verdienstvolle junge Kapitän Fernão de Magalhães fiel 1504 aus ungeklärten Gründen bei der portugiesischen Krone in Ungnade. Seitdem ließ er sich Fernando Magellan rufen und diente der spanischen Krone.

Wettrennen der Seemächte

Der Gewürzhandel mit Asien war ein verlockendes Geschäft. Wer den schnellsten Seeweg entdeckte, dem winkte der größte Gewinn. 1498 erschloss Vasco da Gama einen östlichen Handelsweg für Portugal um die Südspitze Afrikas. Gerüchte von *el paso*, einer Durchfahrt an der Küste Südamerikas, veranlassten Magellan, nach einer Westroute zu forschen.

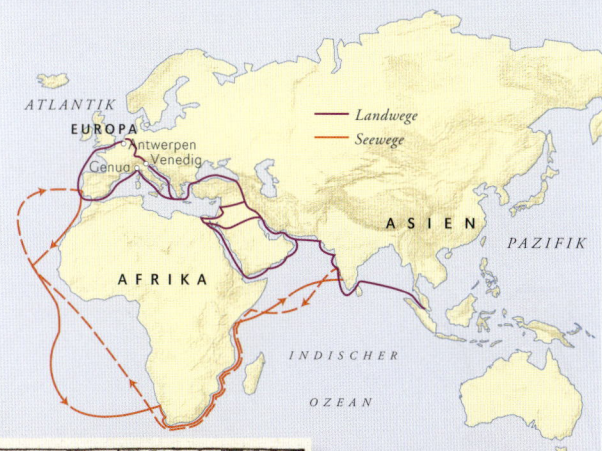

GEWÜRZHANDEL

Gewürze aus dem Orient waren im 15. Jh. in Europa nur für die Reichsten erschwinglich. Ihr Transport bedeutete monatelange Land- und Seereisen. Dabei drohte den Händlern von Dieben und Piraten eine ständige Gefahr. Auch erhob jeder Hafen hohe Steuern — so brachte ein Ballen Gewürze, wenn er in Venedig eintraf, das Hundertfache des ursprünglichen Kaufpreises ein. Damit waren Gewürze kostbarer als Gold!

ANTONIO PIGAFETTA

Der adelige Italiener Antonio Pigafetta schloss sich freiwillig Magellans Expedition an. Während der dreijährigen Reise führte er genau Tagebuch. Wir verdanken ihm viele unserer Kenntnisse über den Verlauf der ersten Weltumsegelung der Geschichte.

MAGELLANS WIDERSACHER

Weil er Portugiese war, lehnten viele Spanier Magellan ab. Nach dem Auslaufen planten drei seiner Kapitäne, ihn zu töten und das Kommando zu übernehmen.

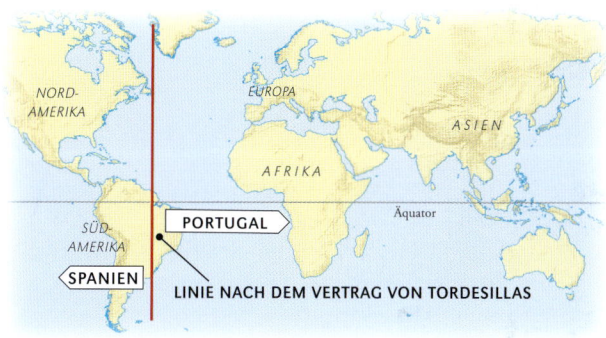

Der Vertrag von Tordesillas (1494)

Der Vertrag legte eine gedachte Linie von Nord nach Süd durch den Atlantik fest. Portugal fielen die Kolonien östlich dieser Linie zu, Spanien die westlich gelegenen. Die spanische Krone erhoffte sich Anspruch auf die Gewürzinseln, falls Magellan sie auf dem westlichen Seeweg erreichte.

ELMSFEUER

Auf hoher See bemerkte die Besatzung von Magellans Flotte ein Elmsfeuer, hell glühende Flämmchen an der Spitze der Schiffsmasten und Rahen. Bei gewittriger Wetterlage sind Elmsfeuer nichts Ungewöhnliches, die Besatzung aber glaubte an eine übernatürliche Ursache.

MAGELLANS FLOTTE

	Schiffe	Tonnage
	Trinidad Flaggschiff	ca. 110 t
	San Antonio	ca. 120 t
	Concepción	ca. 90 t
	Victoria	ca. 85 t
	Santiago	ca. 75 t

Westwärts

DEN KURS BESTIMMEN
Die frühen Seefahrer legten ihre Richtung mit dem Magnetkompass und den Breitengrad mit einem Sternfinder (Astrolabium) fest.

S üdlich des Río de la Plata erreichte Magellans Flotte unerforschtes Meer. Systematisch erkundeten die Seeleute das Gewässer auf der Suche nach *el paso*. Tobende Stürme und unbekannte Küstenlinien zwangen Magellan im März 1520 schließlich, vor San Julián an der südöstlichsten Küste Argentiniens Anker zu werfen. Er schickte die *Santiago* aus, um die Küste zu erkunden. Doch das Schiff wurde von einem Sturm zerstört. Zwei weitere Schiffe brachte der Sturm vom Kurs ab in einen engen, dann breiter werdenden Gezeitenkanal: Sie hatten *el paso* entdeckt, die Westpassage! Auf dem heute „Magellanstraße" genannten Seeweg hielt die Flotte zwei Wochen lang einen Westkurs. Als sie nordwärts in ein offenes Gewässer einbog, ahnte niemand, dass sich vor den Spaniern der größte Ozean der Welt erstreckte.

ATLANTIK

Sanlúcar de Barrameda

AFRIKA

Äquator

Im Sturm verlor die *Victoria* ihren Hauptmast.

El Paso

Pigafettas Karte zeigt die Magellanstraße. Sie verbindet die beiden großen Weltmeere.

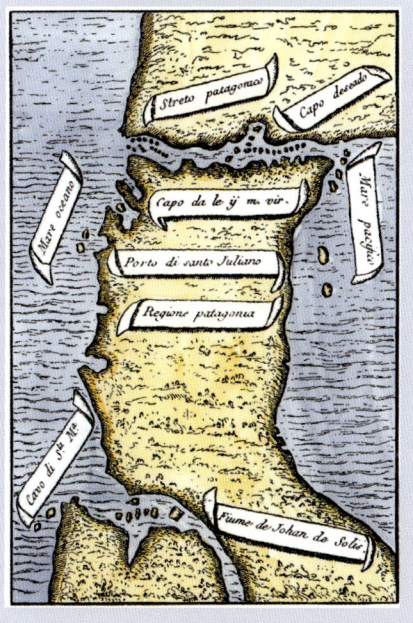

Verrat und Revolte

Magellans Entschluss, vor San Julián Anker zu legen, stieß bei seiner Mannschaft auf heftigen Protest: Der Hafen war düster und verlassen und die Vorräte an Bord wurden knapp. Dennoch blieb Magellan hart. Am Ostersonntag kaperten 30 Meuterer die Schiffe *Concepción*, *San Antonio* und *Victoria* mit dem Ziel, die Heimreise anzutreten. Magellan gewann die Kontrolle über die *Victoria* zurück, blockierte die Hafenmündung und zwang die Meuterer zur Aufgabe. Zur Abschreckung ließ er zwei Kapitäne erhängen und setzte zwei weitere Rädelsführer an Land aus.

DIE MAGELLANSTRASSE

Stürmische See, Nebel und Meerengen – die Fahrt durch die über 300 Seemeilen lange Magellanstraße stellte die spanische Flotte vor eine schwere Herausforderung.

SÜDAMERIKANISCHE PELZROBBE

So ein Tier hatten Magellans Männer noch nie zu Gesicht bekommen! Wegen ihrer dicken Mähne, großen Zähne und des wilden Geheuls hielten sie die Pelzrobbe für einen Seewolf.

DESERTEURE

Die Passage zwischen Atlantik und Pazifik ist weitverzweigt, sodass Magellan die *San Antonio* als Erkundungsschiff aussandte. Ihr Kapitän nutzte die Chance zur Flucht. Damit verlor Magellan ein weiteres Schiff und einen Großteil seines Proviants.

VON KÜSTE ZU KÜSTE

Patagonien ist ein riesiges Gebiet am südlichsten Zipfel Südamerikas. Im Westen ragen die gewaltigen Anden empor, im Osten erstrecken sich Grasland und Wüste und im Süden liegt Feuerland (Tierra del Fuego).

GLÜCK IM UNGLÜCK

Tagelange Stürme trennten die *San Antonio* und die *Concepción* von der Flotte. Als sie wieder zu den anderen stießen, erzählten die Kapitäne, sie seien in eine Wasserstraße getrieben, die sich in eine Gezeitenpassage verbreitere.

NORD-AMERIKA

ATLANTIK

ASIEN

PAZIFIK

Die Flotte

Guam

Magellan hielt Westkurs. Krankheiten forderten viele Opfer an Bord, darunter auch den Schiffsarzt.

Philippinen

Borneo

Äquator

INDISCHER

OZEAN

Viele von Magellans Männern starben an Mangelernährung und Krankheiten.

Die verbleibenden Schiffe segelten über den Stillen Ozean.

SÜD-AMERIKA

AUSTRALIEN

MAGELLANPINGUINE

Die Crew fing bislang unbekannte Vögel, die an den Südküsten Südamerikas in Höhlen und unter Büschen nisteten. Frisches Pinguinfleisch bereicherte den sonst so kargen und tristen Speisezettel der Mannschaft.

Hier ankerte die Flotte fünf Monate lang.

Hafen San Julián

Magellanstraße

„Diese Gänsevögel sind schwarz und haben am ganzen Körper Federn ... Sie fliegen nicht und ernähren sich von Fisch."
ANTONIO PIGAFETTA ÜBER MAGELLANPINGUINE

SUBANTARKTISCHE GÄSTE

Dunkelalbatrosse fliegen in großen Scharen nach Norden, um im Beagle Channel (Feuerland) zu überwintern.

Magellans Flotte

Im Winter verlor Magellan ein weiteres Schiff: Die *Santiago* erlitt auf einer Erkundungstour Schiffbruch. Die Mannschaft konnte gerettet werden, doch nun verblieben nur noch die *Trinidad*, die *Concepción* und die *Victoria* von den ursprünglich fünf Schiffen.

> *„... große Fische, genannt Tiburoni, näherten sich den Schiffen. Sie haben schreckliche Zähne und fressen Menschen."*
>
> ANTONIO PIGAFETTA ÜBER DEN ANBLICK VON HAIEN

Der größte Ozean

I n der tropischen Hitze verdarb der Proviant an Bord rasch, das Trinkwasser faulte. Unglücklicherweise verfehlte Magellan fast alle Inseln im Südpazifik. Somit verstrich die Chance, die Vorräte an Bord aufzufüllen. Viele Männer starben daher an Skorbut und Mangelernährung. Schon bald wurde die Flotte von Haien begleitet, die die über Bord geworfenen Leichen fraßen. Endlich, nach fast 100 Tagen auf See, erreichte Magellan eine Inselgruppe. Doch die Insulaner nutzten die Schwäche der spanischen Mannschaft, schlichen an Bord ihrer Schiffe und stahlen Ausrüstungsgegenstände. Über lange Zeit hinweg wurden die heutigen „Marianen" deshalb „Diebesinseln" genannt. Erst nach zehn weiteren aufreibenden Tagen auf See erreichte Magellans Mannschaft endlich die Philippinen. Dort gelang es den Spaniern, ein Bündnis mit der Bevölkerung von Cebu zu schließen. Ihr Herrscher nahm sogar den christlichen Glauben an – doch der Frieden währte nicht lange.

Nach den Sternen navigieren
Frühe Seefahrer orientierten sich an den Sternen. Beim Überqueren des Pazifiks entdeckten Magellan und seine Mannschaft zwei neue Galaxien – helle Sternhaufen, die heute Magellanwolken heißen.

100 Tage auf dem Pazifik
Magellan hatte kein präzises Hilfsmittel zur Bestimmung des Längengrads. Er hielt also Kurs Nordwest in der vagen Annahme, die Gewürzinseln binnen ein oder zwei Wochen zu erreichen.

ANKUNFT AUF DEN PHILIPPINEN

Magellan hatte bereits im Jahre 1506 unter portugiesischer Flagge auf dem Ostweg die Gewürzinseln im Indischen Ozean angesteuert. Doch 1521 waren er und seine Mannschaft die ersten Europäer, die diese Inseln von Westen über den Pazifik kommend erreichten.

Sprachreise

Zu Magellans Besatzung zählte der Sklave Enrique, der auf einer früheren Reise Magellans nach Malakka in dessen Dienst gelangt war. Bei ihrer Ankunft auf den Philippinen entdeckte Enrique, dass die Insulaner dieselbe Sprache sprachen wie er selbst — eine Bestätigung, dass die spanische Flotte den Globus umrundet hatte.

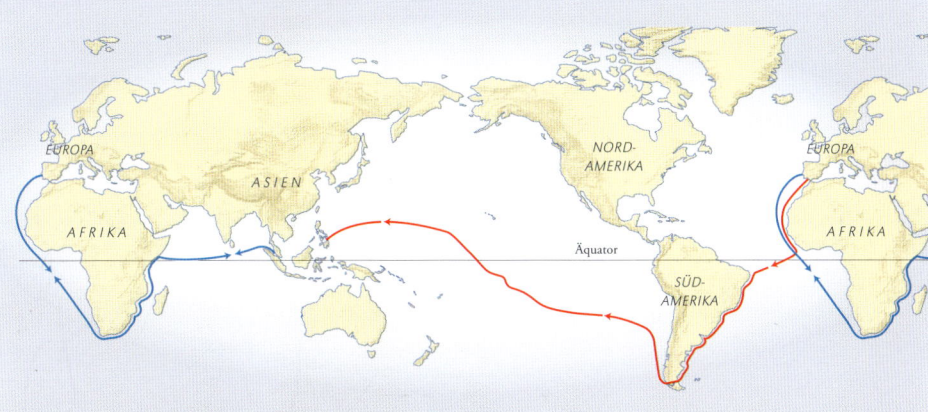

Enriques Heimkehr

Der von den Gewürzinseln stammende Enrique, Magellans Sklave, war zunächst mit seinem Herrn westwärts nach Portugal gesegelt. Jetzt war er aus dem Osten heimgekehrt — ein Beweis, dass die Erde eine Kugel war und umrundet werden konnte.

MAGELLANS KREUZ

Am 21. April 1521 errichtete Magellan ein Holzkreuz auf Cebu. In einer großen Zeremonie ließ sich der mächtige Herrscher Rajah Humabon mit 800 Inselbewohnern taufen. Er zwang die Insulaner unter Androhung schwerster Strafen, den christlichen Glauben anzunehmen.

MAGELLANS TOD

Am 27. April 1521 setzte Magellan mit 60 Männern auf die benachbarte Insel Mactan über. Ihr Herrscher hatte den christlichen Glauben abgelehnt. Als die Europäer im knietiefen Wasser an die Küste wateten, wurden sie von den Insulanern angegriffen. Magellan wurde von ihren Speeren tödlich verletzt.

Magellans Flotte

Nach Magellans Tod versenkten die Kapitäne Elcano und Espinosa die *Concepción*, vernichteten Magellans Aufzeichnungen und übernahmen das Kommando auf der *Trinidad* und der *Victoria*.

„Hoffentlich ... erlischt der Ruhm eines so tapferen und edlen Kapitäns nicht oder gerät noch zu unseren Lebzeiten in Vergessenheit."

PIGAFETTA ÜBER MAGELLAN

Die Rückkehr

BITTERE HEIMKEHR
Die Ladung Gewürznelken der *Victoria* deckte zwar die Kosten der Expedition — für die Heuer der Mannschaft blieb nichts. Auch hatte der desertierte Kapitän der *San Antonio* Lügen über Magellans Kommando verbreitet, um seiner gerechten Strafe zu entgehen.

Unter neuem Kommando wandelten sich die Mannschaften der *Trinidad* und der *Victoria* zu Piraten. Plündernd und mordend setzten sie ihren Weg fort. Auf der indonesischen Insel Tidore luden sie eine wertvolle Fracht von Gewürznelken. Von da an trennten sich die Wege der Schiffe. Die *Trinidad* segelte nordöstlich über den Pazifik, wo sie von einem Sturm beschädigt wurde. Die Überlebenden mussten zu den Gewürzinseln zurückkehren und wurden dort von den Portugiesen gefangen gesetzt. Kapitän Elcano, der mit der *Victoria* westlich um Südafrika segelte, wagte sich aus Furcht vor den Portugiesen nicht an Land, um Proviant aufzunehmen. So wurde die lange Heimreise ebenso schlimm wie die Überquerung des Pazifiks: Die Mannschaft kämpfte gegen stürmische See, Krankheiten und Hunger. Erst am 6. September 1522, nach drei Jahren und Zehntausenden von Seemeilen, fuhr die ramponierte kleine *Victoria* mit 18 Überlebenden im spanischen Hafen von Sanlúcar ein.

MAGELLANS VERMÄCHTNIS

Die *Victoria* umsegelte als erstes Schiff die Welt.

Magellan befuhr die nach ihm benannte Passage zwischen Atlantik und Pazifik.

Magellans Mannschaft entdeckte den Europäern bisher unbekannte Pflanzen.

Magellan und seine Mannschaft waren die ersten Europäer, die den Pazifik befuhren.

Sie entdeckten zwei Galaxien, heute Magellanwolken genannt.

Sie ermittelten den genauen Erdumfang mit 40 075 km (24 902 Seemeilen).

Magellans Weltumsegelung bewies, dass die Erde eine Kugel ist.

Die Notwendigkeit einer internationalen Datumsgrenze wurde festgestellt.

Andere berühmte Forscher folgten dem Kurs, den Magellan vorgezeichnet hatte.

EIN MANN, DER DIE WELT VERÄNDERTE
Erst nach der Veröffentlichung von Pigafettas Tagebuch 1524 wurden Magellans Leistungen vollends begriffen und anerkannt. Seitdem gilt Magellan als einer der großen Pioniere der Menschheit.

SPUR DER ZERSTÖRUNG

Kapitän Espinosa und seine Mannschaft hinterließen auf ihrer Heimreise über den Pazifik nach Spanien eine blutige Spur der Zerstörung. Als heftige Stürme die *Trinidad* zu den Gewürzinseln zurücktrieben, fiel ihre Besatzung den Portugiesen in die Hände.

KAPITÄN ELCANO

Auf der indonesischen Insel Tidore setzte sich Kapitän Elcano mit der *Victoria* von Espinosa ab. Er wählte die schnellere Route um Südafrika, obwohl er dabei durch portugiesische Gewässer fahren musste.

DIEBESINSELN

Pigafettas Abbildung zeigt die Auslegerkanus der Insulaner auf den Marianen. Vermutlich aus Neugier paddelten die Insulaner an Magellans Schiffe heran und stahlen die Ausrüstung der Seefahrer. Später sollte Magellan sie dafür übermäßig hart bestrafen.

Starkes Aroma

Mit Gewürzen lassen sich Speisen nicht nur verfeinern, sondern auch konservieren. Dies war z. B. während eines langen, harten Winters von großem Nutzen. Geräuchertes und Gepökeltes konnte man mit Gewürzen noch länger konservieren. Besonders begehrt waren Gewürznelken, Pfeffer, Mazis, Ingwer und Zimt.

Gewürznelken: getrocknete Blütenknospen des Gewürznelkenbaums

Ingwer: frische oder getrocknete Wurzel des Ingwers

Schwarze Pfefferkörner: getrocknete Früchte der Pfefferrebe

Muskatnuss: Samen des Muskatnussbaums
Mazis: getrocknete Rinde des Muskatnussbaums

Zimtstangen: getrocknete innere Rinde des Zimtbaums

Passatwinde und Kalmen

Frühe Schiffe hatten Probleme, hoch am Wind zu segeln, sodass sie ihren Kurs nach dem vorherrschenden Wind wählen mussten. Am Äquator ist es meistens windstill, was für die Entdeckerschiffe problematisch war. Nördlich und südlich des Äquators können Monsune von Westen wehen, Passatwinde wehen meist von Osten.

Magellans Flotte

Die *Victoria* war das einzige Schiff der Flotte, das die Weltumsegelung vollendete. Kapitän Elcano — einst einer der Meuterer in San Julián — war ein fähiger Kapitän. Dennoch überstanden nur 18 Männer, darunter Pigafetta, die beschwerliche Heimreise.

JAMES Cook

„Der fähigste ... Navigator, den dieses oder sonst irgendein Land je hervorgebracht hat."

ADMIRAL JOHN FORBES ÜBER JAMES COOK

EIN ZUVERLÄSSIGES SCHIFF

Das Kohleschiff *Earl of Pembroke*, wie es den Hafen von Whitby an der Nordostküste von England verlässt. Das Schiff wurde umgebaut und für Cooks erste Forschungsreise in *Endeavour* umbenannt.

Anfänge

Seit 1513 betrieben die Spanier über den Nordpazifik hinweg einen blühenden Handel mit Asien. Weiter südlich des Äquators hingegen ließen sich keine wertvollen Handelsgüter finden, weshalb dieser Teil des Pazifiks lange Zeit von den Europäern nicht angesteuert wurde. Die schiere Größe dieses Ozeans, die Bedrohung durch Skorbut, primitive Navigationsmittel, ungünstige Winde und Strömungen und ungeeignete Schiffskonstruktionen behinderten eine weitere Erforschung des Pazifiks erheblich. Erst verbesserte Navigationsmittel und die Fähigkeit, höher am Wind und damit auf direktem Weg zum Ziel zu segeln, ermöglichten in den 1750er-Jahren längere Expeditionen. Zudem hatte eine wachsende Neugier auf die Welt das Interesse am Pazifik neu entfacht: nicht zum Erwerb von Reichtümern, sondern von Wissen. Das „goldene Zeitalter" der Pazifikerforschung hatte begonnen.

GEOGRAFIE DES 18. JAHRHUNDERTS

Die leeren Flecken auf diesem Erd- und Himmelsglobus lassen erkennen, wie wenig die Europäer des 18. Jh. noch vom Pazifik wussten.

EIN UNBEKANNTES LAND

Diese Karte spiegelt die Vorstellung der Europäer von dem sagenhaften südlichen Kontinent. Seine Existenz war zuerst von Ptolemäus im 2. Jh. n. Chr. vermutet worden. Man hielt es für möglich, dass dort 50 Millionen Menschen lebten. Sie zu finden war das Hauptziel mehrerer großer Expeditionen.

WALLIS AUF TAHITI

Wallis' Landung löste auf Tahiti zunächst Konflikte mit den Insulanern aus. Sein Schiff wurde überfallen und viele Tahitianer kamen dabei ums Leben. Schließlich gelang es den Engländern aber, die Insulaner für sich einzunehmen. Dank des reichhaltigen Nahrungsangebots auf der Insel wählte die Admiralität 1768 Tahiti als Stützpunkt für Cooks Expedition.

VENUSDURCHGANG 1639

Bei einem Venusdurchgang stehen Sonne, Venus und Erde exakt in einer Linie. Zum ersten Mal wurde dieses Ereignis von Jeremiah Horrocks 1631 beobachtet. Seine Zeichnung lässt erkennen, wie die Venus, als kleine schwarze Scheibe dargestellt, über die Sonne wandert. Auch 1769 stand das Ereignis bevor. Wissenschaftler planten weltweite Beobachtungen, um so den Abstand der Erde von der Sonne berechnen zu können.

Der Südkontinent

Ab 1764 wurde eine Reihe britischer Schiffe ausgesandt, um nach dem Südkontinent zu suchen. Kommodore Byron befuhr den Pazifik diagonal und blieb ohne Erfolg. Leutnant Carteret segelte nach Süden, was ihm lediglich die Erkenntnis einbrachte, dass der gesuchte Kontinent — falls er überhaupt existierte — noch weiter südlich liegen musste als angenommen. Kapitän Wallis, der sich weiter nördlich hielt, stieß 1767 zufällig auf Tahiti.

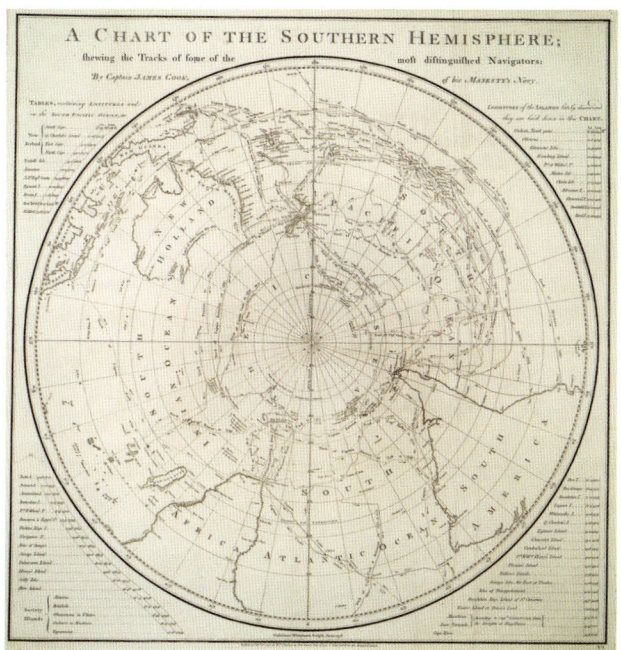

DIE PAZIFIKKARTE

Auf Cooks erster Reise von 1768 bis 1770 kartografierte er Neuseeland und vermaß Australiens Ostküste. Mit seiner zweiten Reise von 1772 bis 1775 gelang es ihm, die Existenz des Südkontinents endgültig zu widerlegen.

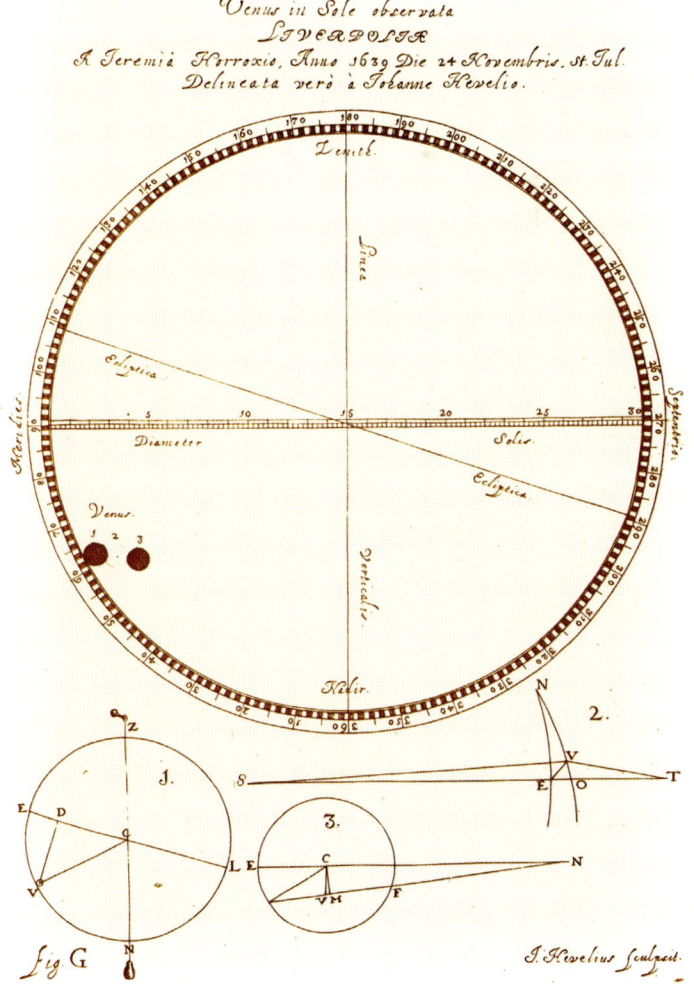

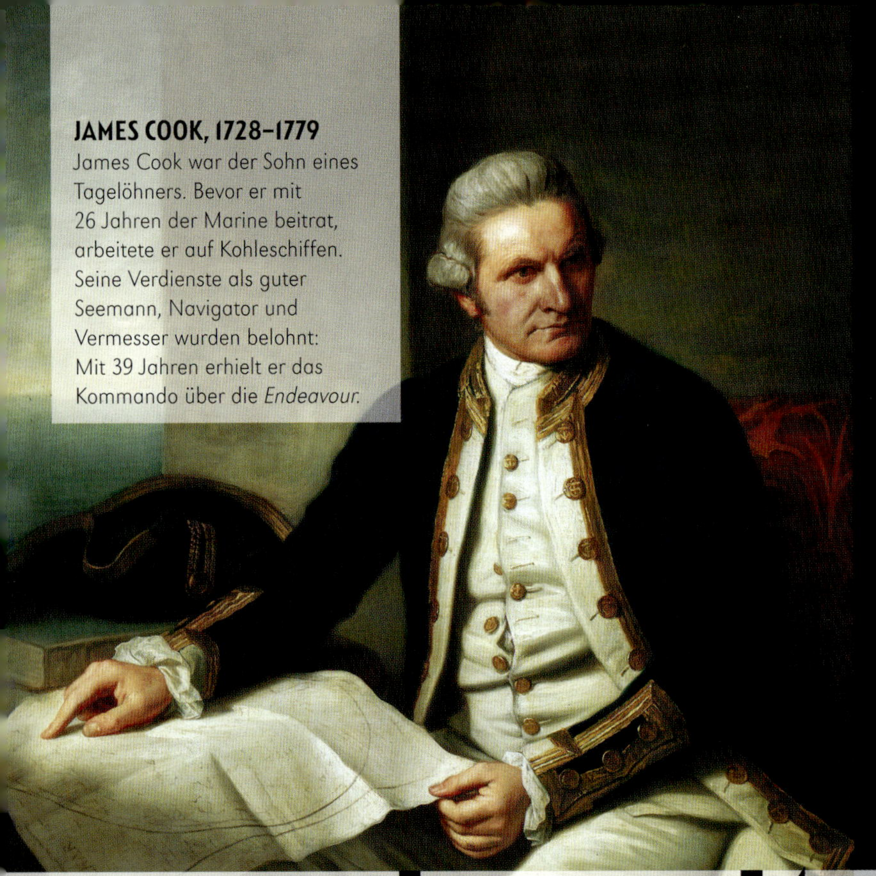

JAMES COOK, 1728–1779
James Cook war der Sohn eines Tagelöhners. Bevor er mit 26 Jahren der Marine beitrat, arbeitete er auf Kohleschiffen. Seine Verdienste als guter Seemann, Navigator und Vermesser wurden belohnt: Mit 39 Jahren erhielt er das Kommando über die *Endeavour.*

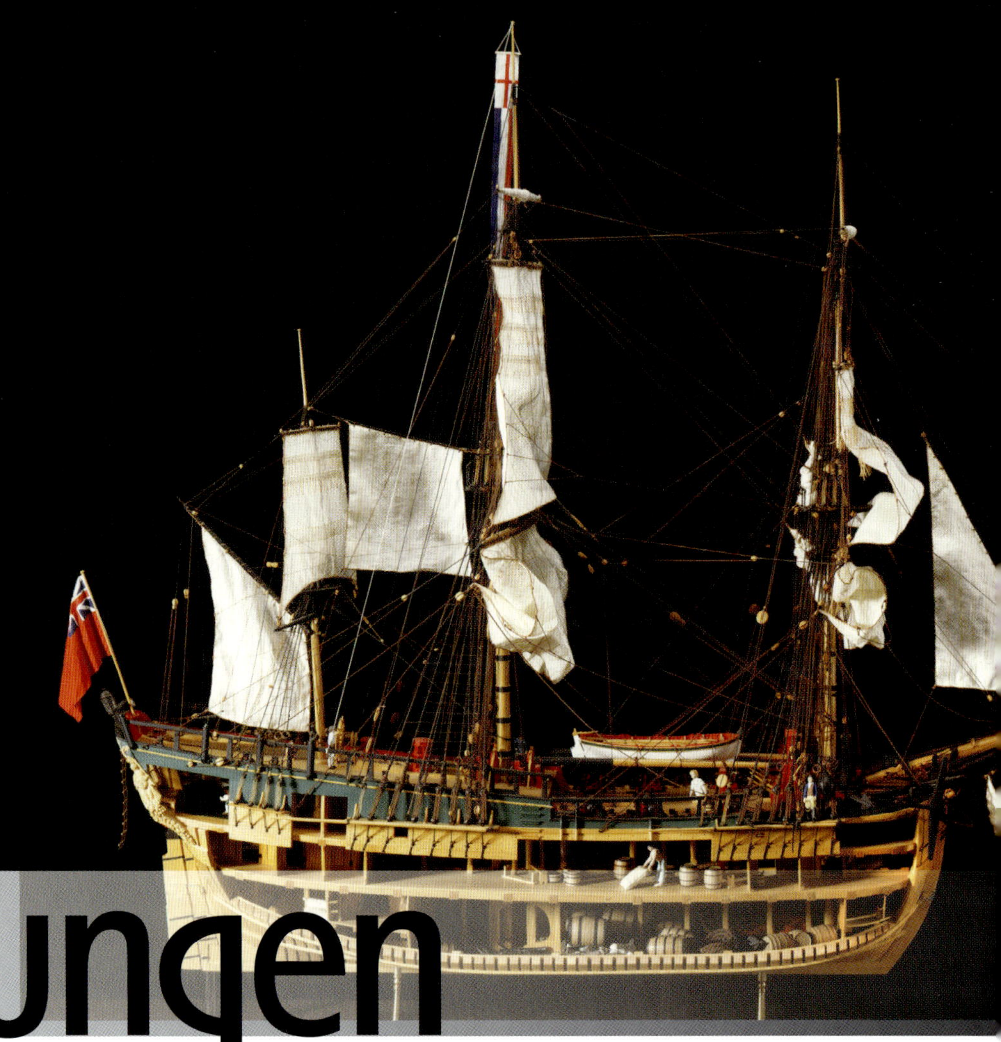

DIE *ENDEAVOUR*
Das Schnittmodell zeigt das Schiffsinnere der *Endeavour*, nachdem das Zweimaster-Kohleschiff zum Forschungsschiff umgerüstet worden war.

Vorbereitungen

Im Jahr 1768 erteilte die britische Krone Cook das Kommando über eine groß angelegte Südsee-Expedition. Sein offizieller Auftrag lautete, eine Anzahl Wissenschaftler sicher nach Tahiti zu bringen. Im Geheimen wurde Cook jedoch auch ausgesandt, um im Hoheitsgebiet der Spanier den legendären Südkontinent zu suchen, neu entdeckte Länder zu vermessen und von ihren Menschen, Pflanzen und Tieren zu berichten. Zu diesem Zweck stellte die britische Krone dem ehemaligen einfachen Seemann James Cook einen, jungen wohlhabenden Naturforscher an die Seite: Joseph Banks wurde die wissenschaftliche Leitung der Expedition übertragen. Trotz ihrer unterschiedlichen Herkunft begegneten sich Cook und Banks mit gegenseitigem Respekt und arbeiteten gut zusammen.

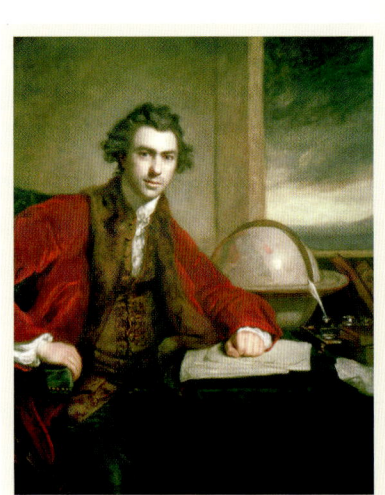

JOSEPH BANKS
Der 25-jährige Banks interessierte sich brennend für Botanik. Zu der Expedition steuerte er den gleichen Geldbetrag wie die Krone bei und stellte zwei Zeichner und zwei Naturforscher ein. „Niemand begab sich besser vorbereitet auf eine naturkundliche Seereise“, schrieb ein Zeitgenosse.

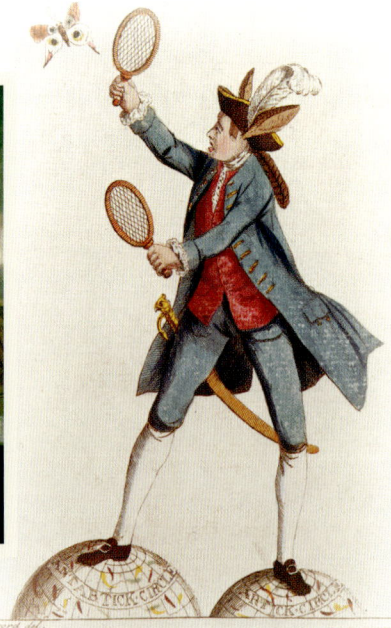

GROSSE VERDIENSTE
Zu Unrecht karikierten Zeitgenossen Banks als reichen Müßiggänger. Nach der *Endeavour*-Expedition wurde er als Botaniker weltweit gewürdigt.

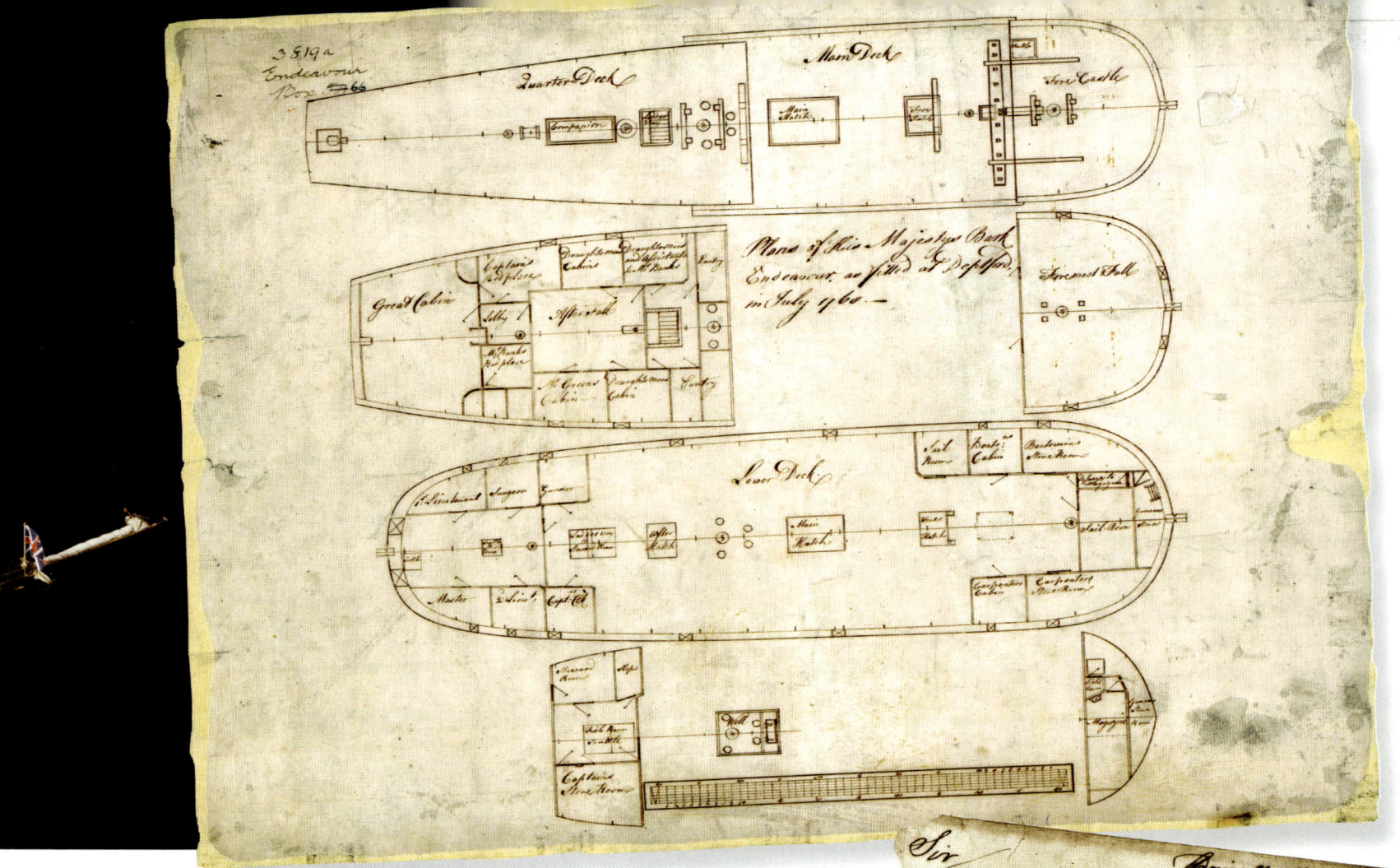

Umgerüstet für die Forschung

Kohleschiffe waren ideal für Expeditionen in die Südsee: Sie waren stabil und geräumig, konnten schwere Lasten transportieren, in flachen Gewässern fahren und ließen sich problemlos an den Strand ziehen. Einige Umbauten waren an der *Endeavour* dennoch erforderlich: Ein dritter Mast wurde ans Heck gesetzt, um besser manövrieren zu können. Es musste ein Extradeck eingebaut werden, da die Besatzung 94 Mann zählte. Als Kohleschiff hatte das Schiff nur 15 Mann Besatzung gehabt. Das Extradeck hatte den Nachteil, dass sich die Männer in einigen Kajüten nur noch gebückt bewegen konnten. Die Umrüstung erwies sich als so erfolgreich, dass man in den folgenden 40 Jahren immer wieder Kohleschiffe für Forschungszwecke nutzte.

GRUNDRISS DER *ENDEAVOUR*

Die Pläne (oben) zeigen die größeren Umbauten am Schiff. Üblicherweise lagen die Offizierskabinen vor der des Kapitäns, doch nach der Umrüstung wurden sie von den Wissenschaftlern beansprucht. Die Offizierskabinen wurden in das neue Unterdeck verlegt.

KARTOGRAFIE

Neben Cooks Hauptaufgabe, den Venusdurchgang zu beobachten, sollte er auch neue Küstenlinien präzise kartografieren. In seinem Brief an die Admiralität (rechts) forderte er zu diesem Zweck die neuesten Vermessungsinstrumente an.

ENDEAVOUR – DIE FAKTEN

Originalkonstruktion	Thomas Fishburn in Whitby, GB, 1764
Umbau für Forschung	Deptford Dockyard, GB, 1768
Kaufpreis	£ 2800,00
Kosten der Umbauten	£ 2294,00
Decklänge	33 m
Breite	8,9 m
Kanonen	16 Vierpfünder, 8 Ringkanonen
Ladefähigkeit	600 t
Besatzung	70 Mann, 24 Passagiere

Auf nach Tahiti

TAHITISCHE KANUS
Cook faszinierte es, dass die Inselbewohner Tahitis in ihren Kanus scheinbar „lange und ferne Reisen ... unternehmen, ohne die sie unmöglich das Wissen über diese Meere besitzen könnten, das ihnen offenbar zu eigen ist".

COOKS SEXTANT
Mit dem Sextanten konnte Cook die Sonnen- oder Sternhöhen über der Kimm (Trennlinie zwischen Meer und Himmel) messen und so eine Standlinie erhalten.

D ie *Endeavour* verließ England Ende August 1768. Das Navigieren wurde Cook durch neue astronomische Tabellen sehr erleichtert. Mit ihnen ließ sich der Längengrad nach der Position der Planeten bestimmen. Dennoch war die Reise über den Pazifik zu jener Zeit eine herausragende navigatorische Leistung. Die *Endeavour* erreichte Tahiti am 13. April 1769. Dort gelang es den Forschungsreisenden, den Venusdurchgang am 3. Juni 1769 zu ihrer Zufriedenheit zu dokumentieren. Während ihres dreimonatigen Aufenthalts baute die Besatzung überwiegend gute Beziehungen zu den Bewohnern Tahitis auf – getrübt jedoch durch einige gewalttätige Zwischenfälle aufgrund von Diebstählen der Insulaner. Cook kartografierte die Insel, verfasste Beschreibungen von Land und Bevölkerung und Banks nahm eine Sammlung zahlreicher in Europa bis dahin unbekannter Pflanzen mit.

EIN FEUERLÄNDER
Frühere Skizzen stellten Feuerländer als Riesen dar. Alexander Buchan fertigte auf Cooks Expedition ein realistischeres Bild.

RUHIGER LIEGEPLATZ
Die *Endeavour* ankerte fünf Tage lang in der Bay of Good Success („Bucht des Erfolgs"), was den ersten längeren Kontakt zwischen Briten und Feuerländern ermöglichte.

„Da liefen sie auf ein Riff …"

Um Australien präzise vermessen zu können, musste Cook in Küstennähe segeln. Dabei ahnte er nicht, dass er in einen lebensgefährlichen, sich stetig verengenden Trichter zwischen der Küste und dem Großen Barriereriff fuhr. Am 11. Juni 1770 lief die Endeavour nachts auf das Riff. Wasser drang ein und das Schiff drohte zu sinken. In einem 24-stündigen Kampf wurde das Schiff wieder schwimmfähig gemacht, so dass die Endeavour das nahe Festland ansteuern konnte.

Erste Eindrücke

Die britische Krone siedelte 1788 eine Strafkolonie in der Botany Bay an — nicht zuletzt wegen Banks' Beschreibung des fruchtbaren Bodens, der vielfältigen Pflanzen- und Tierwelt und Cooks positivem Gutachten über die Qualität der Ankerplätze. Der erste Gouverneur von New South Wales, Arthur Phillip, befand die Ankerplätze und das Ackerland dagegen für schlecht und verlegte die Kolonie 16 km weiter nach Port Jackson.

SÜDSEE-SOUVENIRS
Die Endeavour-Reise verschaffte Banks einen guten Ruf und man wählte ihn zum Präsidenten der Royal Society, einer Gelehrtengesellschaft. Benjamin Wests Gemälde zeigt Banks umgeben von Reisemitbringseln (links), darunter Flachs aus Neuseeland und ein Umhang aus Tahiti, hergestellt aus dem Rindenbast des Papiermaulbeerbaums.

BOTANISCHE KUNST
Parkinson fertigte während der Expedition über 1000 botanische Zeichnungen an. Die Kolorierung wurde erst später für die Veröffentlichung hinzugefügt.

SCHIFFSREPARATUR
Nach der Grundberührung am Großen Barriereriff retteten sich Cook und seine Mannschaft ans sichere Festland. Die Reparaturen dauerten knapp zwei Monate. Es gelang Cook daraufhin zwar, die Endeavour unbeschadet durch die Riffe zu navigieren und Kurs auf den niederländischen Hafen Batavia (Jakarta) zu halten. Hier verlor er jedoch ein Drittel seiner Crew durch Fieber und andere Krankheiten.

NÜTZLICHE ERFAHRUNG
Cook nahm sich vor, bei der nächsten Expedition von West nach Ost zu reisen, um die Westwinde und die östlich laufende Strömung zu nutzen.

Spätere Reisen

Der große Erfolg von Cooks erster Reise bewog die britische Krone, die Suche nach dem südlichen Kontinent auf einer zweiten Expedition fortzusetzen und weitere wissenschaftliche Erkenntnisse über den Pazifik zu sammeln. Die Flotte bestand aus den beiden Schiffen *Resolution* und *Adventure* und die Besatzung aus einer noch größeren Anzahl von Forschern. Die zweite Reise führte Cooks Flotte über den südlichen Polarkreis hinaus, südlicher als je ein Schiff zuvor. Obwohl man keinen neuen Kontinent entdeckte, lohnte sich die Expedition vom wissenschaftlichen Standpunkt aus sehr. Cook übernahm einige Zeit später die Leitung einer dritten Pazifikexpedition mit dem Ziel, nach der Nordwestpassage Nordamerikas zu suchen. Diese Reise endete tragisch; Cook wurde auf Hawaii erschlagen.

NORDWESTPASSAGE

Cooks Versuche, die Nordwestpassage um Nordamerika zu finden, scheiterten beide Male am Packeis. Im 19. Jh. artete die Suche nach der Passage innerhalb der britischen Marine in eine Art Manie aus.

OSTERINSEL

Cooks zweite Reise mit der *Resolution* und der *Adventure* führte ihn bis zu der Osterinsel, den östlichsten Punkt, an den frühe polynesische Siedler gelangt waren. Die Steinskulpturen dort brachten Thor Heyerdahl später auf die Idee, dass Polynesien von Amerika aus besiedelt worden sei.

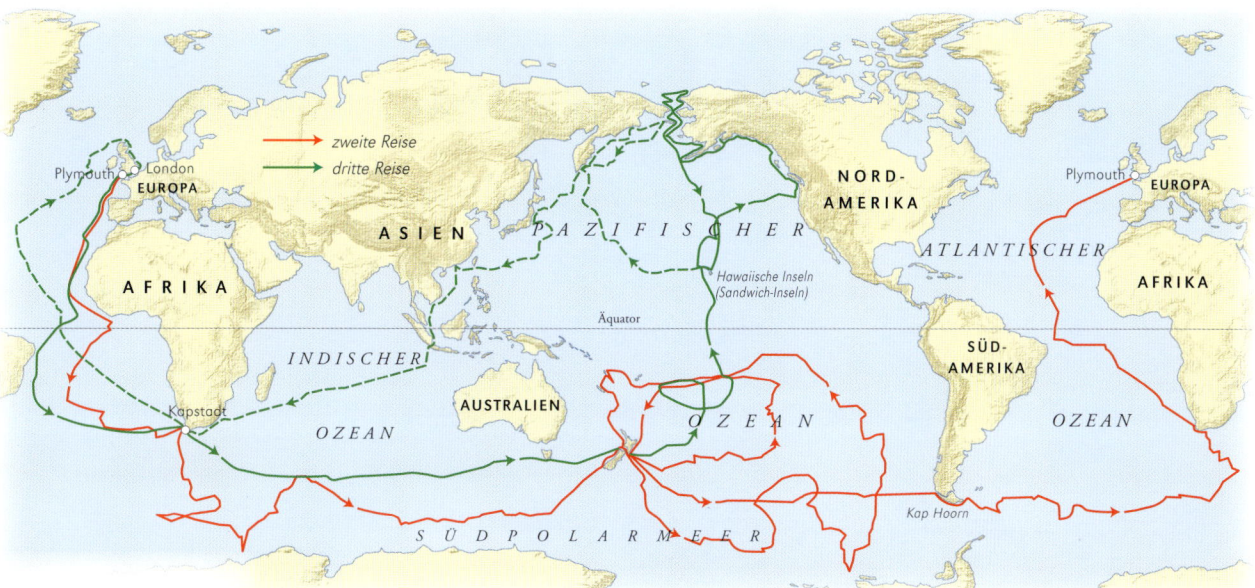

zweite Reise
dritte Reise

Die Vermessung des Pazifiks

Cooks präzise Karten setzten Mythen und Spekulationen über den Pazifik ein Ende. Späteren Forschern war es nur noch überlassen, einige wenige Lücken zu schließen.

Cooks Leistungen

Cook setzte neue Maßstäbe für die Erforschung der Meere: Er kartografierte Tausende Kilometer bis dahin unbekannter Küstenlinien, präzisierte die Lage zahlreicher pazifischer Inselgruppen und brachte Tausende Exemplare von Pflanzen und Tieren sowie detaillierte Beschreibungen und Zeichnungen von pazifischen Völkern zurück.

RÜCKKEHR NACH TAHITI

Cook legte auf der zweiten und dritten Pazifikexpedition Stopps auf Tahiti ein, wo er in der Matavai-Bucht vor Anker ging.

HAWAIISCHE INSELN

Hawaiischer Krieger mit zeremoniellem Helm. Auf seiner dritten Reise machte Cook auf dem Weg in die Arktis einen Zwischenstopp auf Hawaii, dem nördlichsten Punkt des polynesischen Dreiecks. Dort gab es frische Nahrungsmittel im Überfluss. Cook beschloss daher, im folgenden Jahr auf Hawaii zu überwintern.

COOKS TOD

Eine Verkettung unglücklicher Umstände führte am 14. Februar 1779 zu einer blutigen Auseinandersetzung zwischen Cooks Mannschaft und den Hawaiianern, wobei Cook, vier seiner Soldaten und 17 Insulaner den Tod fanden. Webbers Darstellung (unten), nach der Cook versucht, die Mannschaft vom Gebrauch ihrer Waffen abzuhalten, gilt inzwischen als widerlegt.

James Cook nach seiner Beförderung zum Kapitän zur See der Royal Navy

ERNEST Shackleton

DIE ENDURANCE

EIN GEBORENER ABENTEURER

Ernest Shackleton gelangte am 9. Januar 1909 bis auf 185 km an den Südpol heran. Obwohl er die Expedition vorzeitig abbrechen musste, wurde er für diese Leistung in den Adelsstand erhoben. Wenig später suchte er nach neuen Herausforderungen.

Das Abenteuer beginnt

S ir Ernest Shackleton hatte 1909 auf einer großen Antarktisexpedition vergeblich versucht, den Südpol zu erreichen; sein Vorhaben wurde 1911 von einem anderen umgesetzt: dem Forscher Roald Amundsen aus Norwegen. Shackleton ließ darauf verkünden, er plane, die Antarktis vom Weddellmeer bis zum Rossmeer auf dem Landweg zu durchqueren. Für diese Expedition bewarben sich 5000 Männer. Shackleton kaufte ein starkes Holzschiff, das er *Endurance* („Ausdauer") taufte, in Anspielung auf sein Familienmotto: „Durch Ausdauer zum Sieg". Im August 1914 – nur wenige Tage nach Ausbruch des Ersten Weltkriegs – segelte die *Endurance* von London nach Buenos Aires und weiter nach Süden zur subantarktischen Insel Südgeorgien. Von einigen Robbenjägern erhielt Shackleton hier beunruhigende Nachrichten: Das Weddellmeer, auf dem er bis zur Vahsel-Bucht segeln wollte, erlebte gerade das schwerste Packeis seit Menschengedenken.

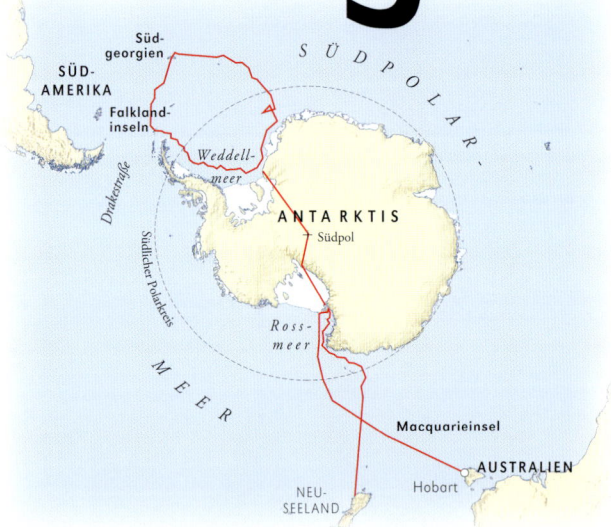

Die *Endurance*-Expedition

Die Antarktis ist der Kontinent mit dem kältesten, stürmischsten und zugleich trockensten Klima der Erde. Vor Shackleton hatte noch nie ein Mensch den Versuch unternommen, die Antarktis auf dem Landweg zu durchqueren.

DIE ENDURANCE	
Schiffsklasse	Dreimast-Schonerbark
Rumpfbau	doppelverstärkte Holzkonstruktion
Tonnage	350 t
Länge	43,8 m
Breite	7,6 m
Antrieb	353 PS (Dampf und Segel)
Höchstgeschwindigkeit	10 Knoten (19 km/h)
Besatzung	28 (darunter ein blinder Passagier)

Der Erste Weltkrieg

Am 1. August 1914 nahm die *Endurance* von London aus Kurs auf die Antarktis. In Cowes sollte sie eigentlich vor Anker gehen, um König Georg V. an Bord zu empfangen. Doch drei Tage vor dem Eintritt Großbritanniens in den Ersten Weltkrieg war der Monarch anderweitig beschäftigt. Als Shackleton von der Kriegsgefahr hörte, stellte er per Telegramm sein Schiff samt Ausrüstung und Besatzung König Georg V. zur Verfügung. Die Admiralität aber wies ihn an, sein Vorhaben auszuführen und in die Antarktis zu reisen.

TEILNEHMER DER *ENDURANCE*-EXPEDITION (WEDDELLMEER)

Sir Ernest Shackleton	Leiter der Expedition
Frank Wild	stellvertretender Leiter
Frank Worsley	Kapitän
Lionel Greenstreet	Erster Offizier
Hubert Hudson	Navigator
Tom Crean	Zweiter Offizier
Alfred Cheetham	Dritter Offizier
Lewis Rickinson	Erster Maschinist
A. J. Kerr	Zweiter Maschinist
Dr. Alexander Macklin	Chefchirurg
Dr. James McIlroy	Chirurg
James Wordie	Geologe
Leonard Hussey	Meteorologe
Reginald James	Physiker
Robert Clark	Biologe
Frank Hurley	offizieller Fotograf
George Marston	offizieller Künstler
Thomas Orde-Less	Mechaniker
Harry McNish	Schiffszimmermann
Charles Green	Koch
Walter How	Vollmatrose
William Bakewell	Vollmatrose
Timothy McCarthy	Vollmatrose
Thomas McLeod	Vollmatrose
John Vincent	Vollmatrose
Ernest Holness	Heizer
William Stevenson	Heizer
Percy Blackborow	blinder Passagier (später Steward)

FOTOGRAF MIT MUMM

Für das perfekte Foto scheute der australische Fotograf Frank Hurley keine Mühe. Trotz der Minusgrade schleppte er seine große Kamera mit dem 36 kg schweren Stativ während der gesamten Expedition mit sich und bescherte der Nachwelt so bemerkenswerte Bilder.

EISBLINK UND WASSERHIMMEL

Am 20. Januar 1915 kam die *Endurance* bis auf 150 Seemeilen an die Vahsel-Bucht heran. Eine Tagesreise entfernt plante die Mannschaft, von Bord zu gehen. Shackleton suchte deshalb nach einem Streifen eisfreien Gewässers, dessen Spiegelung — „Wasserhimmel" genannt — sich als dunkler Streifen am unteren Wolkenrand abzeichnet. Aber zu seiner großen Sorge sah er nur „Eisblink" — die gleißend weiße Spiegelung des undurchdringlichen Packeises am Horizont.

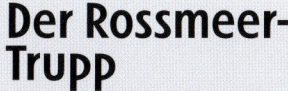

Der Rossmeer-Trupp

Am 24. Dezember 1914 machte sich die Dampfjacht *Aurora* auf den Weg zum McMurdo-Sund auf der Südseite der Antarktis. Hier sollte die Mannschaft für Shackleton und seine Truppe Lebensmitteldepots über das Eis verteilt anlegen. Im Mai wurde die *Aurora* jedoch nach der Landung am Kap Evans von einem Sturm aus der Verankerung gerissen und aufs Meer getrieben. Während zehn Männer der Besatzung schiffbrüchig zurückblieben, driftete die *Aurora* im Packeis — und mit ihr der ganze Proviant der Expedition.

SCHLITTENHÜNDCHEN

Shackleton nutzte 69 kanadische Schlittenhunde, die perfekt an die Kälte angepasst waren. Er schätzte, dass sie die beladenen Schlitten pro Tag 32 km über das Eis ziehen konnten. Als während der Überfahrt Junge zur Welt kamen, baute ihnen der Ire Tom Crean einen Verschlag und kümmerte sich persönlich um seine kleinen Schützlinge.

> *„Das Schiff kann ... nicht überdauern, Skipper ...*
> *was das Eis packt, gibt es nicht wieder her."*
> SHACKLETON ZU FRANK WORSLEY

Gefangen im Eis

Die Warnung der Robbenjäger vor dem ungewöhnlich schweren Packeis war berechtigt:
Sechs Wochen nach ihrer Abreise von Südgeorgien
wurde die *Endurance* ruckartig zum Stehen gebracht.
Jeder Versuch, das Schiff aus den dicken Eisschollen zu
befreien, scheiterte. Machtlos musste Shackleton mit
ansehen, wie die *Endurance* mit den Meeresströmungen
an ihrem vorgesehenen Ankerplatz, der Vahsel-Bucht,
vorbeitrieb. Als die Tage kürzer wurden, schwand
Shackletons Hoffnung auf die Antarktisdurchquerung
– er musste damit rechnen, den Winter über im
Eis stecken zu bleiben. Die 28 ihm anvertrauten
Männer würden Monate in bitterkalten Temperaturen,
voller Not und Langeweile erleiden. Zudem war die
Endurance zwar geeignet, in lockerem Packeis zu
fahren, jedoch war es fraglich, wie lange der Rumpf aus
stabilem tropischen Holz dem Druck des Packeisgürtels
standhalten konnte.

EIN STEINBRUCH AUS EIS

Die Kulisse um die *Endurance*
ähnelte einem riesigen Steinbruch:
Haushoch türmten sich Eisbrocken
um das Schiff. Risse klafften
fächerförmig durch das Eis und
schlossen sich wieder. Der Druck
des Packeises gefährdete die
Holzkonstruktion. Frank Hurley
leuchtete die *Endurance* mit
20 Blitzlichtern aus, um das
gespenstische Szenerio bei
Nacht zu fotografieren. Als
Folge waren seine Augen
vorübergehend geblendet.

DIE SCHIFFBRÜCHIGEN
Das Foto zeigt die Gruppe der Schiffbrüchigen am Point Wild mit einer Ausnahme: Percy Blackborow erholte sich gerade von der Amputation fünf erfrorener Zehen. Die Operation war unter schwersten Bedingungen ausgeführt worden.

SCHNELLER AUFBRUCH
Binnen einer Stunde nach Ankunft am Point Wild fuhr die *Yelcho* mit den Geretteten wieder nach Norden. In Punta Arenas wurden sie von einer jubelnden Menge begrüßt.

GEDENKINSCHRIFT
„Hier rettete am 30. August 1916 das chilenische Marineschiff *Yelcho* unter dem Kommando von Luis Pardo Villalón die 22 Überlebenden der Shackleton-Expedition, die sich nach dem Untergang der *Endurance* vier Monate auf dieser Insel aufhielten."

Rettung des Rossmeer-Trupps

Die Segeljacht *Aurora*, die der Rossmeer-Trupp 1915 zum McMurdo-Sound gebracht hatte, trieb im Sturm mit zehn Mann aufs Meer hinaus. 1916 holte Shackleton auch sie mit einer Rettungsmannschaft ab. Tragischerweise waren der Kaplan und Fotograf der Mannschaft an Skorbut verstorben und zwei weitere Männer bei einem Unfall ums Leben gekommen. Die sieben Überlebenden befanden sich in einem schlimmen körperlichen und geistigen Zustand.

TAFELEISBERGE
Das Ross-Schelfeis bedeckt eine Fläche von der Größe Frankreichs. Eisberge, die aus Schelfeis entstehen, sind relativ eben und heißen deshalb Tafeleisberge. Sie bilden die größten Eisberge mit Höhen bis zu 50 m.

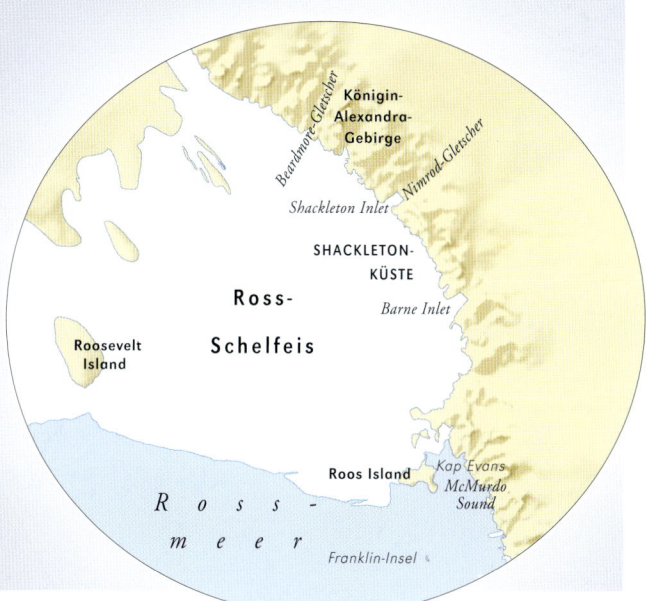

THOR Heyerdahl

DIE KON-TIKI

„Wir saßen die ganze Zeit da und bestaunten das Meer ... es rollte heran aus Osten, Osten, Osten.“

THOR HEYERDAHL, DIE *KON-TIKI*-EXPEDITION

Zeitreise

Seit James Cook entdeckt hatte, dass ein großes Gebiet des Pazifiks von einem einzigen Volk besiedelt worden war, spekulierten die Wissenschaftler über die Wurzeln der Polynesier. Woher kamen sie? Warum und wann hatten sie ihre Heimat verlassen? Und vor allem: Wie war es ihnen gelungen, Tausende Seemeilen über den größten Ozean der Welt zu kommen? Heute vermutet man, dass die Polynesier in Südostasien beheimatet sind. Sie sollen bereits vor Jahrtausenden damit begonnen haben, sich über das Pazifikgebiet auszubreiten, bis sie die entferntesten Punkte des polynesischen Dreiecks erreichten: Hawaii, die Osterinsel und Neuseeland. Vor mehr als 70 Jahren jedoch fand der junge norwegische Forscher Thor Heyerdahl Hinweise darauf, dass Polynesien von Osten her besiedelt worden sein könnte – nämlich von Peru aus.

KÜHNES EXPERIMENT
Heyerdahl mit einem Modell der *Kon-Tiki*. Im 16. Jh. waren die Inka mit ähnlichen Flößen die Küste entlanggefahren. Heyerdahl glaubte, dass diese Flöße eine Seereise überstehen konnten, und war entschlossen, dies zu beweisen.

Peru die Wiege Polynesiens?

Heyerdahls Überzeugung, dass Polynesien von Peru aus besiedelt worden war, gründete auf drei Hauptargumenten. Erstens machten Winde und Strömungen, die unentwegt westwärts zogen, die Wanderung von Amerika aus wahrscheinlicher als die Wanderung in die entgegengesetzte Richtung. Zweitens war die Süßkartoffel, das Hauptnahrungsmittel Polynesiens, erwiesenermaßen ursprünglich eine amerikanische Pflanze. Drittens glaubte Heyerdahl Ähnlichkeiten zwischen den alten Kulturen Polynesiens und Perus zu erkennen.

DER NAMENSGEBER
Der Sonnengott und Kulturbringer Kon-Tiki wurde der Sage nach aus Bolivien aufs Meer hinaus getrieben. Polynesische Legenden wiederum wiesen den Götterkönig Tiki als ihren Stammvater aus.

Meeresströmungen
Die Hauptströmungen des Pazifiks sind wie zwei riesige rotierende Walzen. Die Kon-Tiki musste den Südäquatorialstrom erreichen, bevor sie den Pazifik überqueren konnte.

STATUEN DER OSTERINSEL
Die Entstehung der Statuen auf der Osterinsel gibt Forschern Rätsel auf. Da sie einigen Monolithen in Peru und Bolivien ähneln, glaubte Heyerdahl, dass die ersten polynesischen Insulaner aus Südamerika gekommen waren.

DER BAUM WIRD GEFÄLLT
Heyerdahl baute die Kon-Tiki aus zwölf Balsabäumen, die in den Hochlandwäldern von Ecuador gefällt wurden. Jeder Stamm wog rund eine Tonne. Die Rinde wurde nach Art der Inka in Zickzackstreifen abgelöst.

DAS FLÖSSEN DER STÄMME
Die Baumstämme wurden zusammengebunden und flussabwärts zur Küste transportiert. Dort ließ Heyerdahl die Nachbildung eines antiken Floßes anfertigen. Die Kon-Tiki war etwa 14 m lang und 5,5 m breit.

KON-TIKI-SEGELFAHRT
Das große rechteckige
Segel war der einzige
Antrieb des Floßes. Es
wurde von den beiden
Masten gestützt. Durch
Ausprobieren entwickelte
die Mannschaft eine
Technik, die *Kon-Tiki* zu
steuern.

Wellenreiten

D as Floß wurde nach dem Sonnengott Kon-Tiki
benannt. Eric Hesselberg, Teil der sechsköpfigen
Mannschaft, malte das Antlitz des Gottes auf
das Segel. Die *Kon-Tiki* wurde nur aus Materialien
gebaut, die schon zu damaliger Zeit verfügbar waren.
Zur Sicherheit nahm die Mannschaft ein Funkgerät
und nautische Instrumente mit. Da man jedoch auf
einen Hilfsmotor verzichtete, war das Floß über die
außerordentliche Strecke von 4300 Seemeilen (8000
km) auf dem Pazifik von Winden und Strömungen
abhängig. Die *Kon-Tiki* wurde am 28. April 1947 von
der peruanischen Marine 50 Seemeilen aufs offene
Meer hinaus gezogen und dann ihrem Schicksal überlassen. Zuerst wurde sie vom Humboldtstrom, der
aus der Antarktis nach Norden fließt, die peruanische
Küste entlanggetrieben. Schließlich erreichte sie den
Südäquatorialstrom, der sie mit den Passatwinden
allmählich nach Westen über den Pazifik trug.

SCHWIERIGES SEGELN
Das Ruder am Heck des Floßes war 5,8 m lang und aus
Mangrovenholz. Das Holz war sehr kompakt, aber auch
sehr schwer, was das Steuern anstrengend machte. Um
die Arbeit zu erleichtern, montierte die Mannschaft daher
ein Querruder aus Fichtenholz an eigentliche Ruderpinne.

HAIFANG

Die Mannschaft fing viele verschiedene Fische zur Ergänzung ihres Speisezettels. Es gelang sogar, Haie, die oft um das Floß herumschwammen, mit einem Köder anzulocken und an der Schwanzflosse aus dem Wasser zu ziehen.

HAI AN BORD

Hatten die Männer einen Hai lebendig an Bord gezogen, mussten sie sich vor den scharfen Zähnen des Raubfisches in Acht nehmen.

WALHAI

Am 24. Mai 1947 wurde ein Walhai direkt unter dem Floß gesichtet. Leicht hätte der größte bekannte Fisch versehentlich das Floß beschädigen können.

IN DER HÜTTE

Eine kleine Bambushütte diente der Mannschaft als Wohnquartier. Aus Platzmangel war jedem der sechs Männer nur eine Kiste mit persönlichen Sachen gestattet.

NORD-AMERIKA

Hawaiische Inseln

PAZIFISCHER

Äquator

Die Crew lernte, das schwerfällige Floß auf einem erstaunlich gleichmäßigen Kurs zu halten

Galapagos-inseln

Marquesas-Inseln

Raroia

Callao

Tahiti

Tuamotu-Archipel

Die US-Marine stattete die Mannschaft mit in Blechdosen verpackten Überlebensrationen aus. Darüber hinaus ernährte sich die Mannschaft vom Fischfang.

SÜD-AMERIKA

Als die Kon-Tiki in der Nähe des Tuamotu-Archipels auf ein Riff lief, ging die Besatzung auf einer kleinen Insel nahe Raroia an Land.

OZEAN

Die Route der Kon-Tiki

Die Mannschaft bestimmte ihren Kurs täglich am Stand von Sonne und Sternen. Kaum schneller als im Schritttempo, durchquerte das Floß den Pazifik langsam, aber gleichmäßig.

Land!

A m 7. August 1947 erreichte die Mannschaft nach einer 101-tägigen Seefahrt eine Insel im Raroia-Atoll. Die *Kon-Tiki* hatte 4300 Seemeilen (8000 km) zurückgelegt. Obwohl es von hohen Wellen auf ein Riff geworfen wurde, blieben die Hauptstämme des Floßes unbeschädigt – ein Beleg für die Stärke der alten Schiffbaumethoden der Inka. Damit hatte Heyerdahl gezeigt, dass die frühen Inka durchaus in der Lage gewesen wären, lange Ozeanreisen durchzuführen. Nach heutigen Erkenntnissen ist Polynesien allerdings nicht von Peru aus besiedelt worden. Dennoch beflügelte die Reise der *Kon-Tiki* die Fantasie vieler Menschen. So versuchten nach der *Kon-Tiki*-Expedition auch andere, Reisen aus alter Zeit nachzuahmen. Heyerdahl selbst überquerte den Atlantik im Jahr 1979 mit der *Ra II*, einem Boot aus Papyrusschilf. Diesmal hatte er beweisen wollen, dass die alten Ägypter den amerikanischen Kontinent erreicht haben könnten.

LAND IN SICHT
Nach 93 Tagen auf See kam zum ersten Mal Land in Sicht, doch starke Winde trieben das Floß an der Insel Puka-Puka vorbei. Erst acht Tage später erreichte die Mannschaft Raroia auf den französischen Tuamotus.

UNBEKANNTER FISCH
Mit einer Schlangenmakrele gelang der Besatzung der *Kon-Tiki* ein ganz besonderer Fang: Es war das erste Mal, dass dieser Tiefseefisch lebend von Menschen gesehen wurde.

Heyerdahls Vermächtnis

Im Jahr 1950 erschien Thor Heyerdahls Buch „Kon-Tiki. Ein Floß treibt über den Pazifik" und wurde in beinahe 70 Sprachen übersetzt. Ein Jahr darauf erhielt er den Academy-Preis und zwei Oscars für den Dokumentarfilm seiner Reise. Obwohl man ihn vorrangig mit der *Kon-Tiki* verbindet, schrieb Thor Heyerdahl insgesamt zehn Bücher über die Ursprünge und Reisen alter Völker, von denen 60 Millionen Exemplare verkauft wurden.

Fatu-Hiva-Projekt-Tagebuch

Heyerdahls Notizbuch aus seinem Aufenthalt auf den Marquesas in den Jahren 1937 bis 1938. Die Aufzeichnungen wurden nie veröffentlicht, dokumentieren jedoch die Anfänge seiner Theorie über die Besiedlung Polynesiens.

STEUERN

Die Mannschaft fand heraus, dass sie den Kurs durch Heben oder Senken eines Kielschwerts unter dem Floß verändern konnte. Dennoch steuerten sie lieber mit dem Ruder, da man auf diese Weise tagelang einen steten Kurs halten konnte. Hier sitzt Heyerdahl an der Pinne.

NAVIGIEREN

Hier misst Herman Watzinger mit einem tragbaren Instrument die Windstärke. Täglich mussten Position, Kurs und Fahrt ermittelt werden, wobei die Stärke von Wind und Strom berücksichtigt werden musste.

KON-TIKI MUSEUM

Zu Ehren von Thor Heyerdahl wurde 1950 ein *Kon-Tiki*-Museum in der norwegischen Hauptstadt Oslo eröffnet. Es zeigt viele Gegenstände von Heyerdahls abenteuerlicher Pazifikreise. Die Hauptattraktion ist das Floß selbst, das nach der Reise nach Norwegen gebracht worden war.

FRANCIS

Chichester

GYPSY MOTH IV

IM ALLEINGANG
Chichester zählte seinerzeit zu den drei Einzigen, denen eine vollständige Weltumsegelung im Alleingang gelungen war. Zudem war er im Vergleich zu seinen Vorgängern doppelt so schnell und fuhr die längste Strecke ohne Unterbrechung.

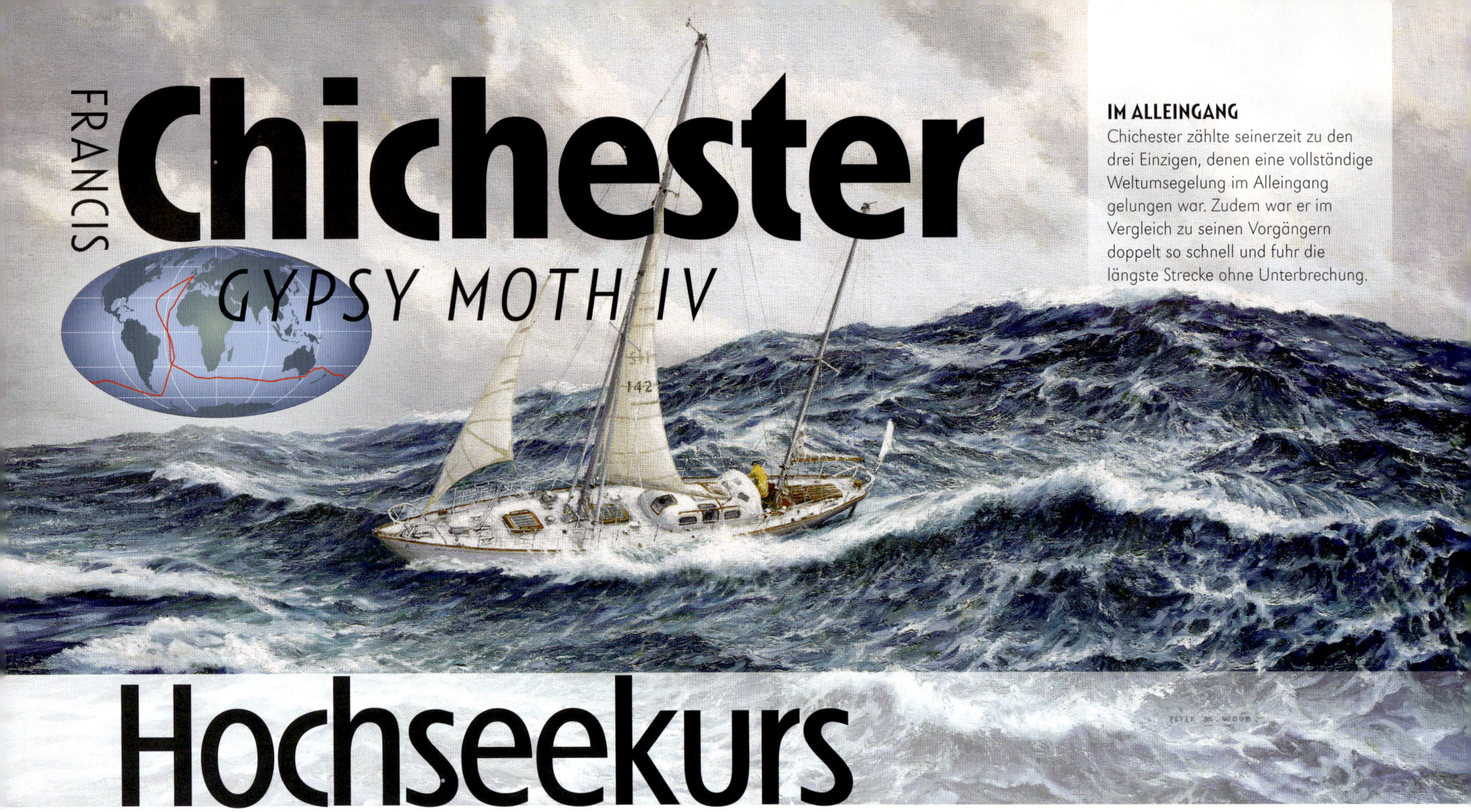

Hochseekurs

Francis Chichester gelangte 1966 zu Weltruhm, als er mit 65 Jahren, bereits an Krebs erkrankt, auf der Zweimast-Ketsch *Gipsy Moth IV* allein den Globus umrundete. 40 Jahre zuvor hatte Chichester versucht, allein in dem Doppeldecker *Gipsy Moth* die Welt in 19 Tagen zu umfliegen. Das Vorhaben endete in einer Bruchlandung in Japan. 1958 entdeckte er das Hochseesegeln für sich und gewann nur zwei Jahre später die erste Transatlantikregatta für Einhandsegler mit seiner *Gipsy Moth II*. Mit der Expedition der *Gipsy Moth IV* erfüllte sich Chichester seinen Traum, auf der alten Klipperroute um die Welt zu segeln. Die rahgetakelten Klipper hatten durchschnittlich 100 Tage für die Reise von Plymouth nach Sydney gebraucht. Chichesters Ziel bestand darin, als Einhandsegler diese Zeit zu erreichen oder gar zu unterbieten.

BRUCHPILOT
Chichesters erster Versuch einer Weltumrundung 1929 per Flugzeug. Er montierte Schwimmkörper unter den Doppeldecker, um auf dem Pazifik notlanden zu können. Der Flug endete jedoch mit einem Absturz über Japan.

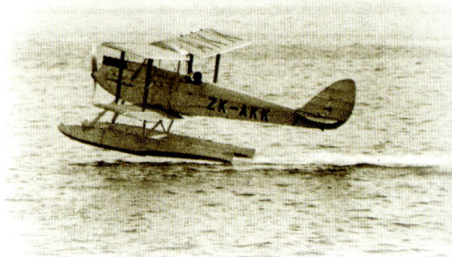

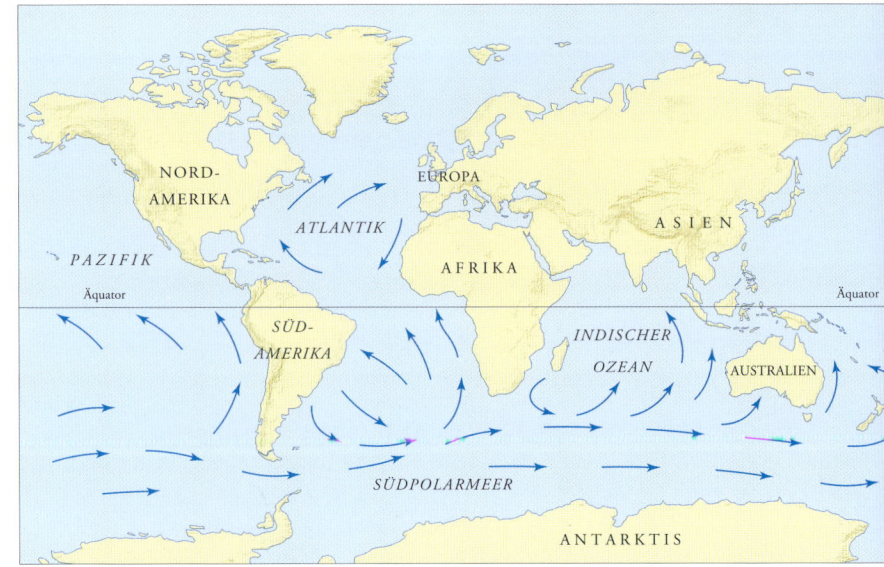

Windsysteme
Chichester folgte der ersten von Captain Cook begründeten Route und segelte von West nach Ost um das Kap der Guten Hoffnung und Kap Hoorn, um den jeweils vorherrschenden Wind und Storm zu nutzen.

Die *Gipsy Moth IV* in Zahlen

LÄNGE: 16 m
BREITE: 3,2 m
TIEFGANG: 2 m

Konstrukteure: Illingworth and Primrose
Werft: Camper and Nicholson

Die *Gipsy Moth IV* wurde eigens für Chichesters Weltumsegelung gebaut. Mit einem langen, schmalen Rumpf und einem kurzen Kiel war sie auf Geschwindigkeit ausgelegt. Sie war ein leichtes Boot und krängte auf Probefahrten um 80° bei Windstärke sechs. Um dem entgegenzuwirken, wurde der Kiel mit 1090 kg Blei verstärkt. Diese Maßnahme hatte aber nur teilweise Erfolg.

Segel der Ketsch

Die zweimastige *Gipsy Moth IV* trug zehn Segel: von der 55,70 m² großen Genua bis zum 8,80 m² großen Sturm-Stagsegel. Durch das Wechseln der Segel ließ sie sich den Bedingungen auf See genau anpassen. Allerdings bedeutete das häufige Wechseln der Segel für Chichester auch eine große Anstrengung.

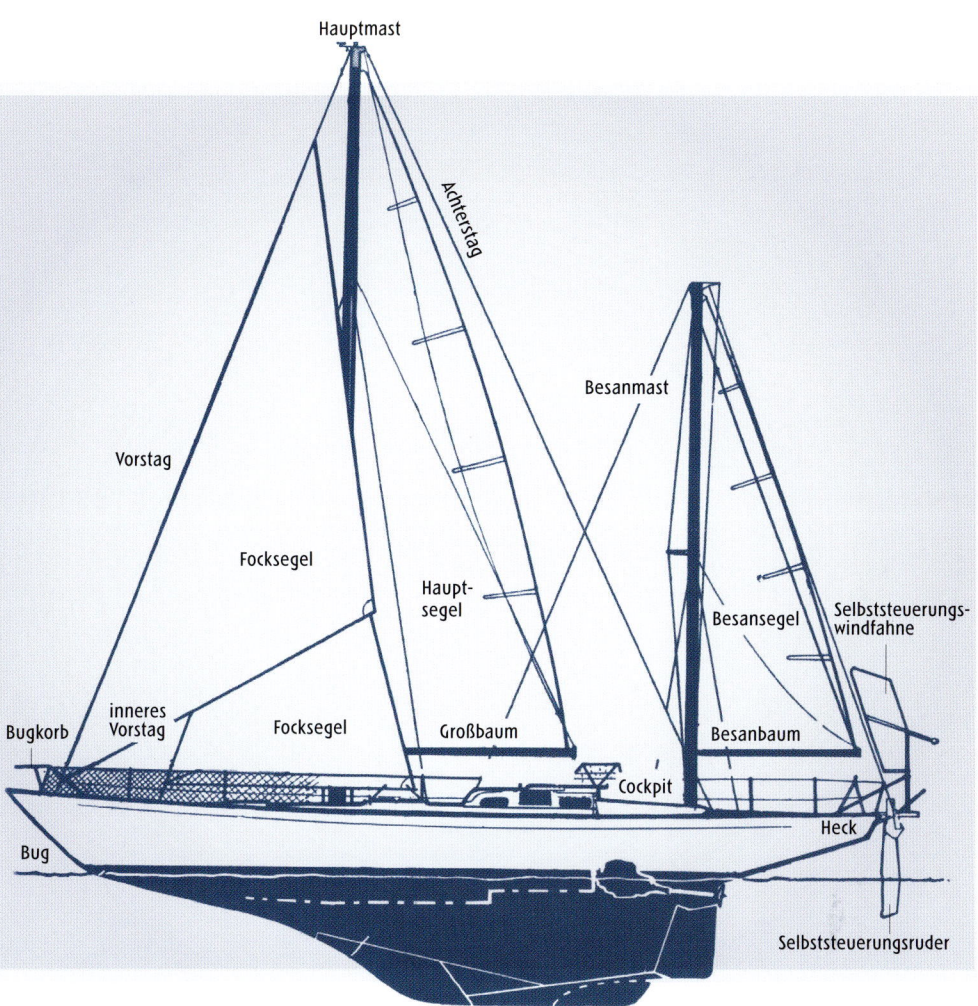

Hauptmast · Achterstag · Besanmast · Vorstag · Focksegel · Hauptsegel · Besansegel · Selbststeuerungswindfahne · Bugkorb · inneres Vorstag · Focksegel · Großbaum · Besanbaum · Cockpit · Heck · Bug · Selbststeuerungsruder

LEINEN LOS!

Chichester brach am 12. August 1966 in London auf. Er segelte in Begleitung von Familie und Freunden durch den Ärmelkanal nach Plymouth. Von Plymouth startete er am 27. August seine Weltumsegelung.

CUTTY SARK

Chichester nahm sich die Reisen der *Cutty Sark* (rechts) zum Vorbild. Der berühmteste aller Klipper machte im Jahr 1870 seine Jungfernfahrt und liegt seit 1954 im Trockendock des englischen Greenwich.

Auf hoher See

N ach den anstrengenden Vorbereitungen empfand Chichester es als befreiend, endlich auf See zu sein. Bald stellte sich jedoch heraus, dass die *Gipsy Moth IV* zwar schnell fuhr, sich jedoch nur schwer manövrieren ließ. Der krebskranke Mann war vom ständig erforderlichen Wechseln der zehn Segel bald erschöpft.

Chichester war kein geborener Seefahrer oder besonders guter Seemann, dafür aber ein hervorragender Navigator. Um Sydney in 100 Tagen zu erreichen, musste er eine Durchschnittsgeschwindigkeit von sechs Knoten beibehalten und Tag und Nacht Wind und Strom optimal nutzen. Nach 52 Tagen hatte Chichester über die Hälfte der Strecke nach Sydney zurückgelegt. Ungünstige Winde und ein erheblicher Schaden an der Selbststeuerung warfen ihn dann jedoch zurück. Schließlich lief die *Gipsy Moth IV* am 12. Dezember 1966, nach 107 Tagen auf See, in den Hafen von Sydney ein.

ALLE HÄNDE VOLL ZU TUN
Chichester justiert den Besan. Auf seiner Reise mit der *Gipsy Moth IV* waren sechs bis sieben Segelwechsel innerhalb von zwei Stunden nicht ungewöhnlich.

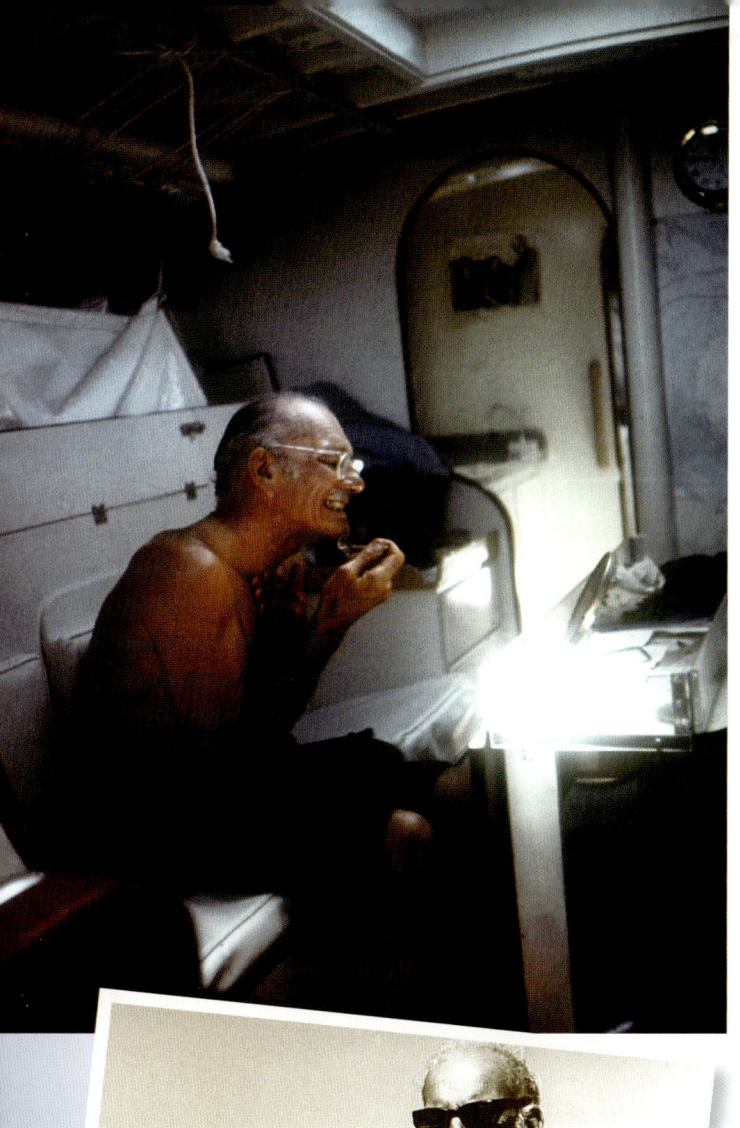

Geburtstag auf See

Seinen 65. Geburtstag feierte Chichester allein auf hoher See „in voller Montur": in Jackett, neuer Hose und schwarzen Schuhen. Er war zu diesem Zeitpunkt seit drei Wochen auf See und lag gut in der Zeit. Doch wenig später schlitterte er haarscharf an einer Katastrophe vorbei: Das Schiff wurde von einer Sturmböe auf die Seite gelegt.

IMPROVISIEREN

Schon das Rasieren auf See war schwierig. Chichester konnte den Spiegel in der Toilette nicht nutzen, wenn das Schiff krängte. Darum verwendete er einen Handspiegel und einen Eimer.

DER WAL

Eines Nachts erwachte Chichester von einem gewaltigen Stoß. Vermutlich war die *Gipsy Moth IV* mit einem Wal zusammengeprallt. Zum Glück hatte das Schiff keine Schäden davongetragen.

KURS HALTEN

Chichester ermittelte seine Tagesposition mittels Sextant und Chronometer. Zweimal gelang es ihm, den Wochenrekord für einen Einhandsegler um 100 Seemeilen zu überbieten.

Neu ausgerüstet in Sydney

Chichester wurde in Sydney begeistert empfangen. Nach 107 Tagen auf See musste die *Gipsy Moth IV* dringend überholt werden. Die „Royal Sydney Yacht Squadron" stellte dem Briten ihre Einrichtungen großzügig zur Verfügung. Chichester bekundete dankbar, dass er nie „Schiffsreparaturen schneller und effizienter erlebt" habe.

ADELIGER ABENTEURER

Bevor Chichester am 29. Januar 1967 aus Sydney auslief, erhielt er einen Anruf vom britischen Hochkommissar. Chichester wurde mitgeteilt, dass er in den Adelsstand erhoben worden sei.

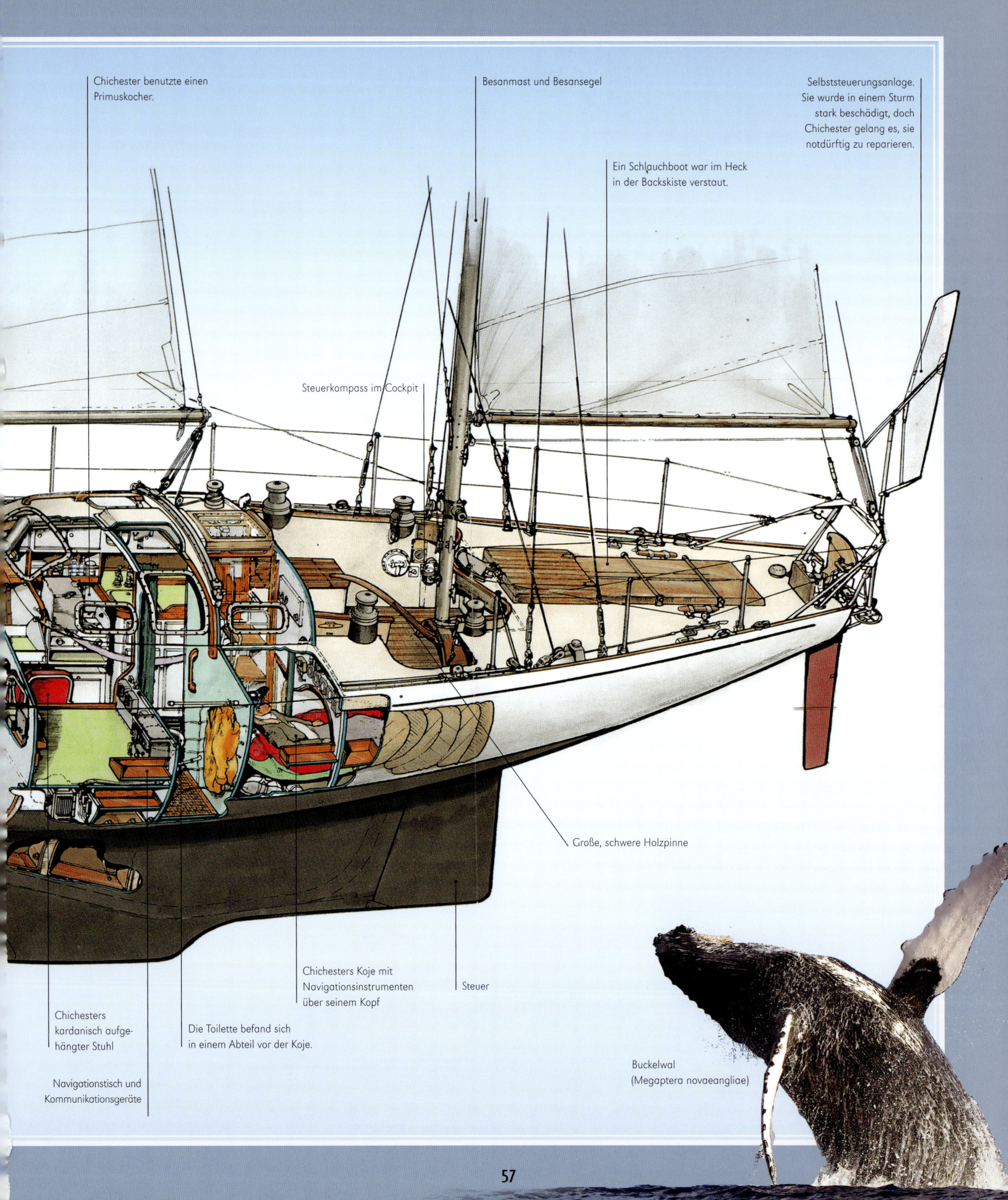

Chichester benutzte einen
Primuskocher.

Besanmast und Besansegel

Selbststeuerungsanlage.
Sie wurde in einem Sturm
stark beschädigt, doch
Chichester gelang es, sie
notdürftig zu reparieren.

Ein Schlauchboot war im Heck
in der Backskiste verstaut.

Steuerkompass im Cockpit

Große, schwere Holzpinne

Chichesters Koje mit
Navigationsinstrumenten
über seinem Kopf

Steuer

Chichesters
kardanisch aufge-
hängter Stuhl

Die Toilette befand sich
in einem Abteil vor der Koje.

Buckelwal
(Megaptera novaeangliae)

Navigationstisch und
Kommunikationsgeräte

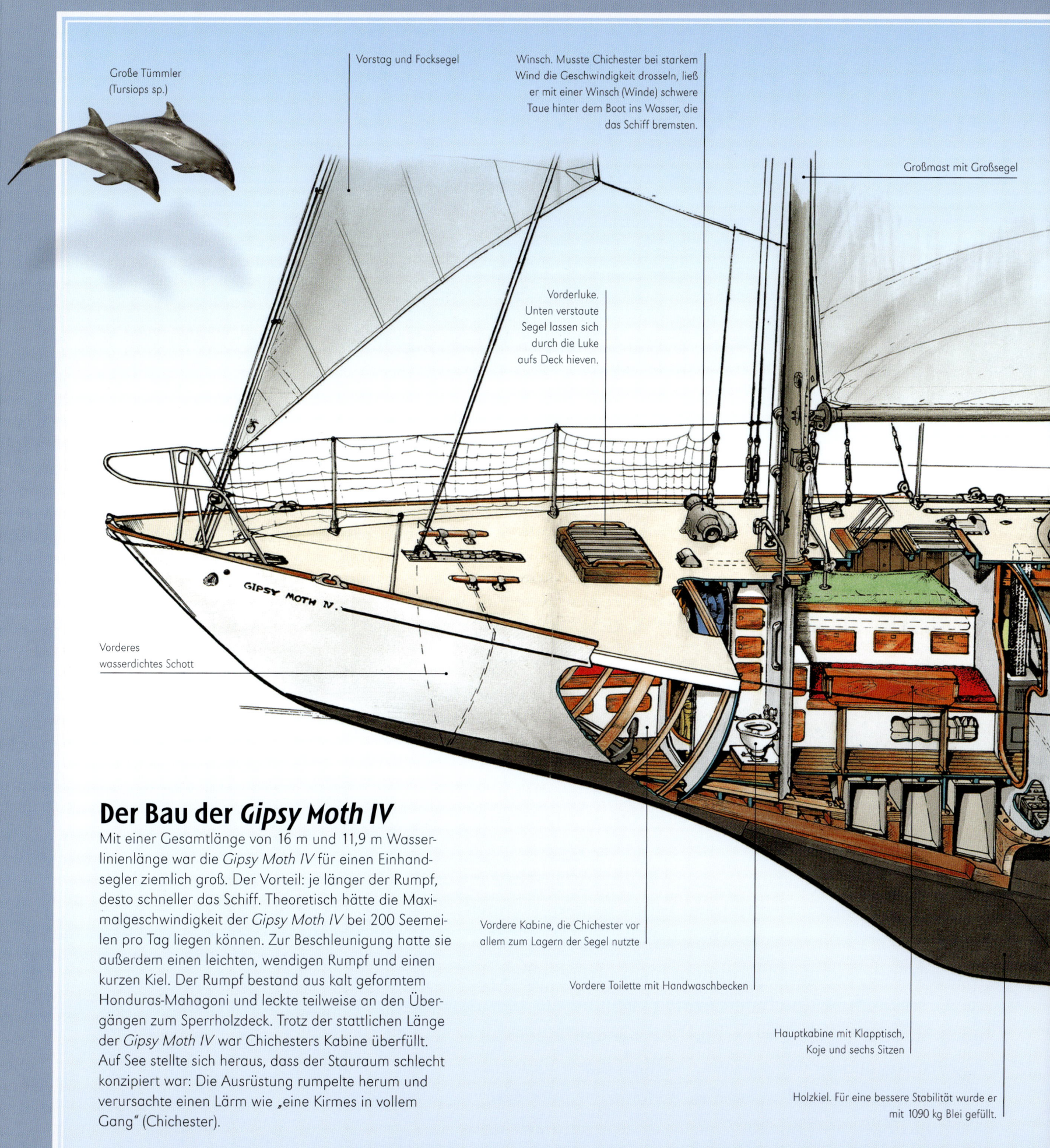

Große Tümmler
(Tursiops sp.)

Vorstag und Focksegel

Winsch. Musste Chichester bei starkem
Wind die Geschwindigkeit drosseln, ließ
er mit einer Winsch (Winde) schwere
Taue hinter dem Boot ins Wasser, die
das Schiff bremsten.

Großmast mit Großsegel

Vorderluke.
Unten verstaute
Segel lassen sich
durch die Luke
aufs Deck hieven.

GIPSY MOTH IV.

Vorderes
wasserdichtes Schott

Der Bau der *Gipsy Moth IV*

Mit einer Gesamtlänge von 16 m und 11,9 m Wasser-
linienlänge war die *Gipsy Moth IV* für einen Einhandsegler ziemlich groß. Der Vorteil: je länger der Rumpf,
desto schneller das Schiff. Theoretisch hätte die Maxi-
malgeschwindigkeit der *Gipsy Moth IV* bei 200 Seemeilen pro Tag liegen können. Zur Beschleunigung hatte sie
außerdem einen leichten, wendigen Rumpf und einen
kurzen Kiel. Der Rumpf bestand aus kalt geformtem
Honduras-Mahagoni und leckte teilweise an den Über-
gängen zum Sperrholzdeck. Trotz der stattlichen Länge
der *Gipsy Moth IV* war Chichesters Kabine überfüllt.
Auf See stellte sich heraus, dass der Stauraum schlecht
konzipiert war: Die Ausrüstung rumpelte herum und
verursachte einen Lärm wie „eine Kirmes in vollem
Gang" (Chichester).

Vordere Kabine, die Chichester vor
allem zum Lagern der Segel nutzte

Vordere Toilette mit Handwaschbecken

Hauptkabine mit Klapptisch,
Koje und sechs Sitzen

Holzkiel. Für eine bessere Stabilität wurde er
mit 1090 kg Blei gefüllt.

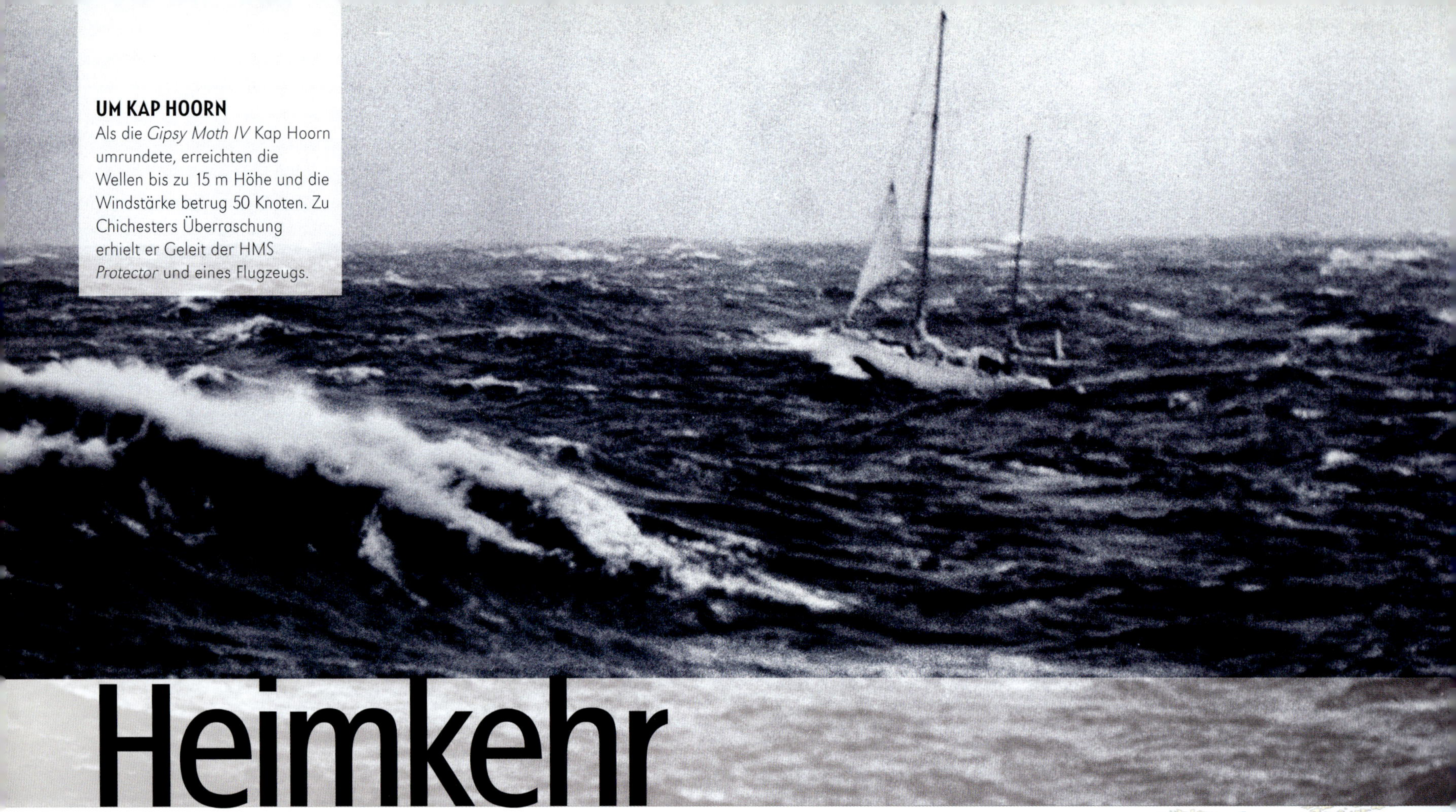

UM KAP HOORN
Als die *Gipsy Moth IV* Kap Hoorn umrundete, erreichten die Wellen bis zu 15 m Höhe und die Windstärke betrug 50 Knoten. Zu Chichesters Überraschung erhielt er Geleit der HMS *Protector* und eines Flugzeugs.

Heimkehr

Chichester geriet in der Tasmansee in einen tropischen Wirbelsturm: „Die weißen Brecher leuchteten in der Schwärze wie Ungeheuer“, schrieb er. In der folgenden Nacht kenterte die *Gipsy Moth IV*, ließ sich aber wieder aufrichten. Dennoch beschloss Chichester, seine Reise fortzusetzen und Kap Hoorn zu umsegeln.

Er umrundete die Südspitze Lateinamerikas am 20. März bei Windgeschwindigkeiten bis zu 50 Knoten. Reporter beobachteten ihn dabei aus einem kleinen Flugzeug. Die *Gipsy Moth IV* ging dann auf Nordkurs. Nach einer Flaute in den Kalmen kam Chichester schnell voran und erreichte am 29. Mai 1967 Plymouth, wo ihn eine jubelnde Menge willkommen hieß. Im Juli segelte er die *Gipsy Moth IV* durch den Ärmelkanal und die Themse hoch bis Greenwich. Dort schlug ihn Königin Elisabeth II. zum Ritter. Die *Gipsy Moth IV* erhielt einen Platz im Trockendock des englischen Greenwich neben der *Cutty Sark*. Dort blieb sie bis 2005, als man sie restaurierte und auf eine zweite Weltumsegelung schickte.

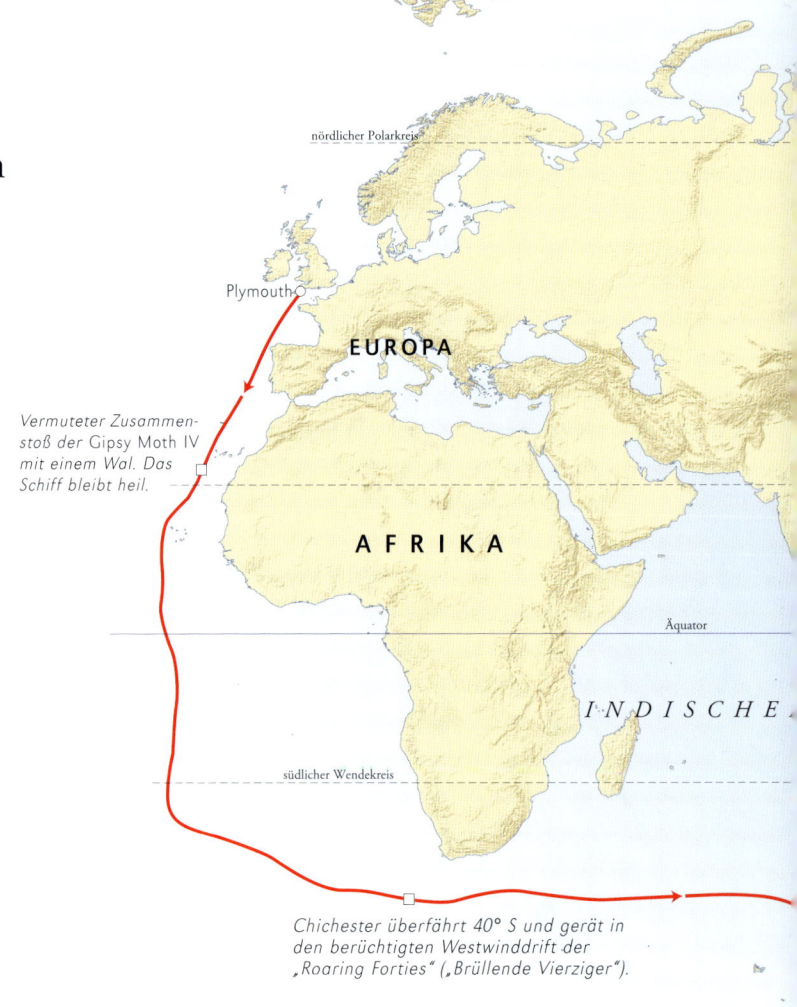

nördlicher Polarkreis
Plymouth
EUROPA
Vermuteter Zusammenstoß der Gipsy Moth IV mit einem Wal. Das Schiff bleibt heil.
AFRIKA
Äquator
INDISCHE
südlicher Wendekreis
Chichester überfährt 40° S und gerät in den berüchtigten Westwinddrift der „Roaring Forties“ („Brüllende Vierziger“).
Südlicher Polarkreis

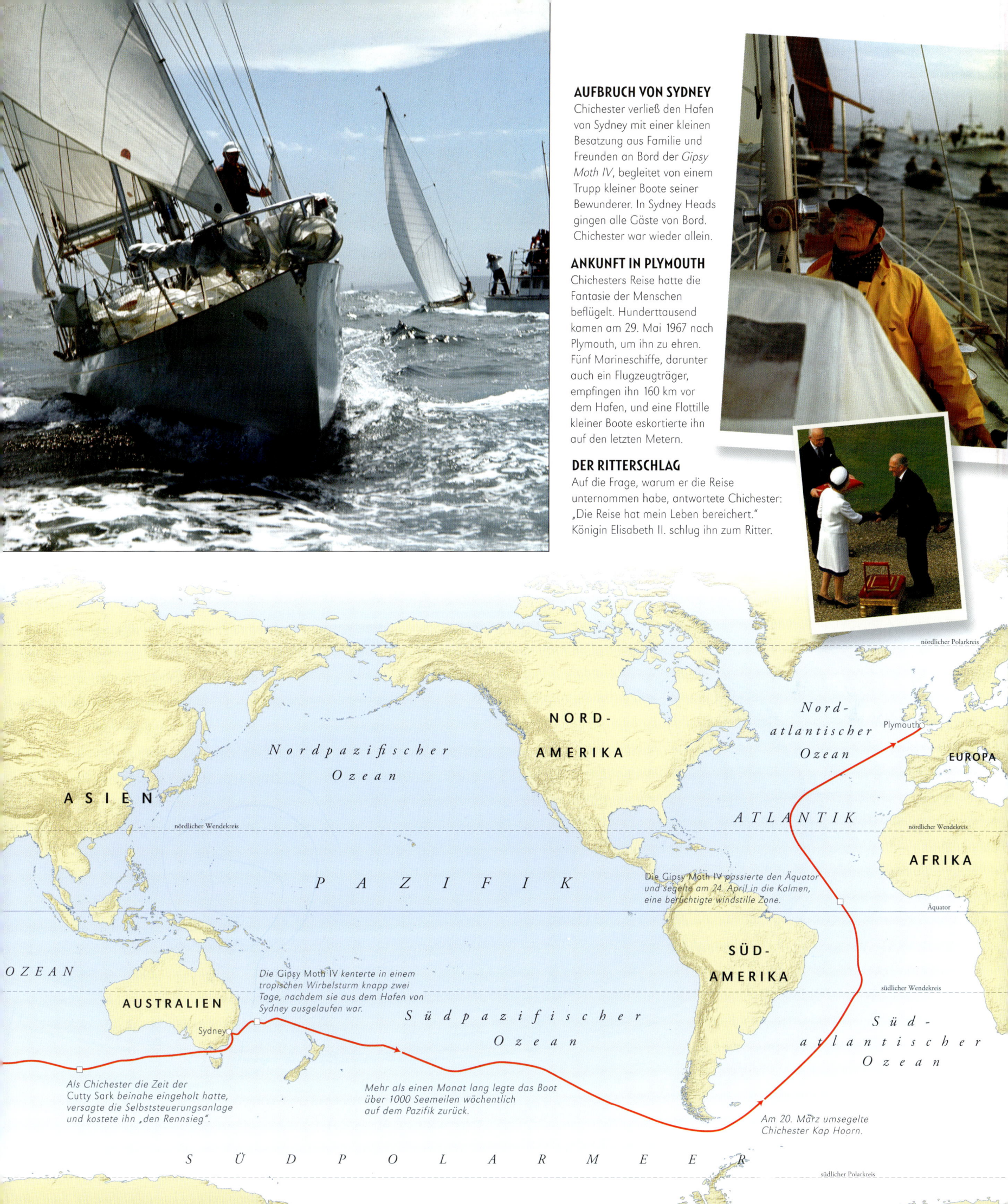

AUFBRUCH VON SYDNEY

Chichester verließ den Hafen von Sydney mit einer kleinen Besatzung aus Familie und Freunden an Bord der *Gipsy Moth IV*, begleitet von einem Trupp kleiner Boote seiner Bewunderer. In Sydney Heads gingen alle Gäste von Bord. Chichester war wieder allein.

ANKUNFT IN PLYMOUTH

Chichesters Reise hatte die Fantasie der Menschen beflügelt. Hunderttausend kamen am 29. Mai 1967 nach Plymouth, um ihn zu ehren. Fünf Marineschiffe, darunter auch ein Flugzeugträger, empfingen ihn 160 km vor dem Hafen, und eine Flottille kleiner Boote eskortierte ihn auf den letzten Metern.

DER RITTERSCHLAG

Auf die Frage, warum er die Reise unternommen habe, antwortete Chichester: „Die Reise hat mein Leben bereichert." Königin Elisabeth II. schlug ihn zum Ritter.

NORD-
AMERIKA

Nordpazifischer Ozean

ASIEN

nördlicher Wendekreis

PAZIFIK

*Nord-
atlantischer
Ozean*

Plymouth

EUROPA

ATLANTIK

nördlicher Wendekreis

AFRIKA

Die Gipsy Moth IV passierte den Äquator und segelte am 24. April in die Kalmen, eine berüchtigte windstille Zone.

Äquator

SÜD-
AMERIKA

OZEAN

AUSTRALIEN

Sydney

Die Gipsy Moth IV kenterte in einem tropischen Wirbelsturm knapp zwei Tage, nachdem sie aus dem Hafen von Sydney ausgelaufen war.

Südpazifischer Ozean

südlicher Wendekreis

*Süd-
atlantischer
Ozean*

Als Chichester die Zeit der Cutty Sark beinahe eingeholt hatte, versagte die Selbststeuerungsanlage und kostete ihn „den Rennsieg".

Mehr als einen Monat lang legte das Boot über 1000 Seemeilen wöchentlich auf dem Pazifik zurück.

Am 20. März umsegelte Chichester Kap Hoorn.

SÜDPOLARMEER

nördlicher Polarkreis

südlicher Polarkreis

Gut zu wissen

Wetter, Wind und Seegang sind wichtige Informationen, die Seefahrer benötigen, um zurückgelegte Entfernungen berechnen und vorausplanen zu können. Seekarten sind für die sichere Navigation sehr bedeutsam.

WELTMEERE

	GEBIET	DURCHSCHNITTSTIEFE	GRÖSSTE TIEFE
Pazif. Ozean	165 Mio. km²	4200 m	11 034 m
Atlant. Ozean	82,4 Mio. km²	3926 m	9219 m
Ind. Ozean	73,4 Mio. km²	3854 m	7125 m
Nordpolarmeer	14,1 Mio. km²	1430 m	5608 m
Südpolarmeer	20,3 Mio. km²	4500 m	7235 m

Magellans Schiff *Victoria*

BEAUFORTSKALA

BEAUFORTSTÄRKE	W.GESCHW. IN KNOTEN	BEZEICHN. WINDSTÄRKE	WIRKUNG AUF DEM MEER
0	weniger als 1	Windstille	spiegelglatte See
1	1–3	leiser Zug	leichte Kräuselwellen ohne Schaumköpfe
2	4–6	leichte Brise	kleine, kurze Wellen, nicht brechende Schaumköpfe mit glasiger Oberfläche
3	7–10	schwache Brise	kleine Wellen, länger werdend, recht häufige Schaumköpfe
4	11–16	mäßige Brise	kleine Wellen, länger werdend, Recht häufige Schaumköpfe
5	17–21	frische Brise	mäßige Wellen von großer Länge, überall Schaumköpfe
6	22–27	starker Wind	größere Wellen und Schaumflächen, Kämme brechen, etwas Gischt
7	28–33	steifer Wind	größere Wellen mit brechenden Köpfen, überall weiße Schaumflecken
8	34–40	stürmischer Wind	weißer Schaum von den brechenden Wellenköpfen legt sich in Schaumstreifen in die Windrichtung
9	41–47	Sturm	ziemlich hohe Wellenberge, deren Köpfe verweht werden, überall Schaumstreifen
10	48–55	schwerer Sturm	sehr hohe Wellen, weiße Flecken auf dem Wasser, lange, überbrechende Kämme, schwere Brecher
11	56–63	orkanartiger Sturm	brüllende See, Wasser wird waagerecht weggeweht, starke Sichtverminderung
12	64–71	Orkan	See vollkommen weiß, Luft mit Schaum und Gischt gefüllt, keine Sicht mehr

GESCHWINDIGKEIT IN KNOTEN (Seemeilen/h)
Entsprechende Geschwindigkeit in km/h

5 Knoten = 9 km/h	35 Knoten = 65 km/h
10 Knoten = 19 km/h	55 Knoten = 102 km/h
25 Knoten = 46 km/h	65 Knoten = 120 km/h

AUF SEE GEMESSENE ENTFERNUNGEN
(Seemeilen/h)

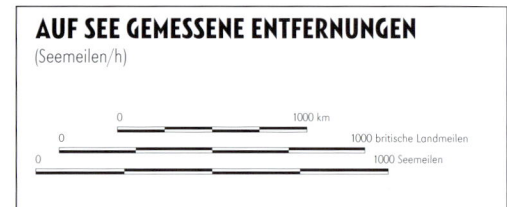

GRÖSSENVERGLEICH

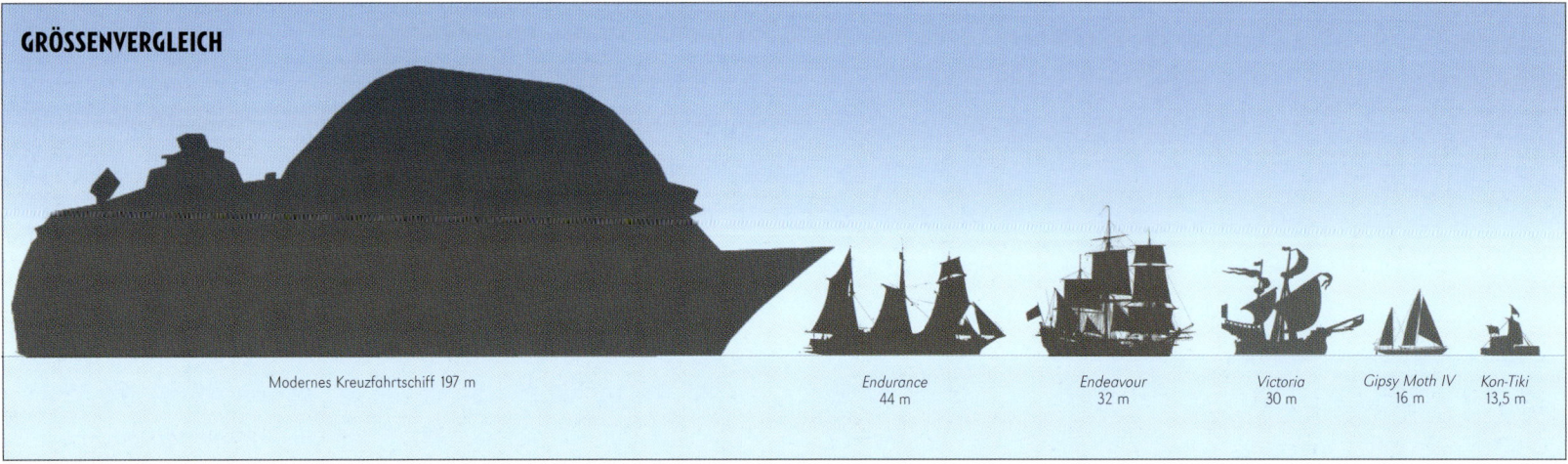

Modernes Kreuzfahrtschiff 197 m

Endurance 44 m

Endeavour 32 m

Victoria 30 m

Gipsy Moth IV 16 m

Kon-Tiki 13,5 m

Glossar

Astrolabium
Frühes Messinstrument zur Bestimmung des Breitengrades. Gemessen wurde der Winkel zwischen der Sonne oder den Sternen und dem Horizont.

Atoll
Kreisförmiges Korallenriff um eine Insel.

Breitengrad
Winkelabstand nördlich oder südlich des Äquators, in Grad gemessen.

Chronometer
Sehr genaue Uhr, verwendet man zusammen mit einem Sextanten zur Ermittlung des Längen- und Breitengrads.

Eisblink
Strahlend weiße Reflexion von Packeis am Horizont.

Eisscholle
Abgebrochenes flaches Stück Meereis. Mehrere übereinandergeschobene Eisschollen bilden Packeis.

Flaggschiff
Schiff, auf dem sich der Führer einer Flotte befindet.

Floß
Schwimmfähiges Gerät, bestehend aus zusammengebundenen Hölzern und Baumstämmen.

Hydrografie
Präzise Küsten-, See- und Gewässervermessung zum Erstellen von Seekarten.

Karacke
Großes Segelschiff für lange Seereisen. Die Rahsegel sorgten für Geschwindigkeit, und die dreieckigen Lateinsegel ermöglichten dem Schiff, gegen den Wind zu kreuzen, sich dem Ziel also im Zickzackkurs zu nähern.

Karavelle
Kleines, windschnittiges Segelschiff mit dreieckigen Lateinsegeln.

Ketsch
Traditionelles Segelschiff mit zwei Masten.

Kielschwert
Brett, das man unter ein Schiff senken kann, um der Abdrift durch den Wind entgegenzuwirken.

Klipper
Äußerst schnelle, elegante Segelschiffe, die in der zweiten Hälfte des 19. Jh. häufig zum Transport der Tee-Ernte von China nach England eingesetzt wurden.

Kompass
Messinstrument mit einer Magnetnadel, die auf den magnetischen Nordpol ausgerichtet ist.

Landzunge
Landarm, der in ein Gewässer ragt.

Längengrad
Winkelabstand östlich oder westlich des Äquators, in Grad gemessen.

Navigation
Technik und Wissenschaft, auf See (bzw. an Land oder in der Luft) Position und Kurs zu bestimmen.

Pinne
Hebel aus Holz oder Metall, der über einen Ruderschaft mit dem Ruder verbunden ist. Durch Ruderlage ändert sich der Kurs des Schiffs.

Sextant
Immer noch gebräuchliches nautisches Messinstrument zur Bestimmung der Schiffsposition. Gemessen wird der Winkel zwischen einem Stern oder der Sonne und dem Horizont. Anhand von Berechnungstabellen werden Standlinien ermittelt, deren Schnittpunkt die aktuelle Schiffsposition ist.

Skorbut
Durch Vitamin-C-Mangel verursachte Krankheit, entsteht besonders bei längerem Verzicht auf frisches Obst oder Gemüse.

R e g i s t e r

A

Aborigines 24–26
Adventure 28
Albatros 9, 42 f.
Amundsen, Roald 30
Anden 9
Antarktis 30-33, 42–45, 48, 52
Astronomische Tabellen 18
Aurora 31, 45
Australien 4, 15, 19, 24, 26 f., 29 f., 47, 52, 59

B

Banks, Joseph 16, 18, 25, 27
Batavia 19, 22, 27
Belsabäume 47
Blackborow, Percy 31, 35, 37, 45
Blauwale 41
Botanische Kunst 27
Breitengrad 8, 25, 61
Brotfrucht 20, 22
Buchan, Alexander 18, 25
Buckelwal 57
Byron, John 15

C

Carteret, Philip 15
Cebu (Insel) 10 f.
Chichester, Sir Francis 52–59
Christentum 10 f.
Concepción 7–9
Cook, James 14–29, 46, 52
Cooktown 23
Crean, Tom 31, 35, 40–43
Cutty Sark 53, 58 f.

D

da Gama, Vasco 7
Diebesinseln 10, 13
Dunkelalbatros 9

E

Earl of Pembroke 14
Eis 31–37, 40, 42–45
Eisblink 31, 61
Eisschollen 32 f., 35, 37, 61
el paso 6–8
Elcano, Kapitän 11–13
Elephant Island 36–38, 44
Elisabeth II. 58 f.
Endeavour 14, 16–21, 23–27, 60
  Nachbildung 22 f.
  Untergang 26 f.
Endeavour River 27
Endurance 30–36, 44 f., 60
Enrique (von Malakka) 11
Erfrierung 37, 42, 45
Espinosa, Kapitän 11, 13

F

Fatu-Hiva-Projekt-Tagebuch 51
Forbes, John 14

G

Georg V. 31
Gewürznelken 12 f.
Gipsy Moth (Doppeldecker) 52
Gipsy Moth IV (Ketsch) 52–60
  Bau 56 f.
Globen, 18. Jh. 14
Green, Charles (Astronom Cooks) 19
Großer Tümmler 56
Großes Barriereriff 24, 26 f.
Guam 9

H

Hai 10, 49
Hawaii 28 f., 46, 49
Hesselberg, Eric 48
Heyerdahl, Thor 28, 46–51
Horrocks, Jeremiah 15

Humboldtstrom 47 f.
Hurley, Frank 31 f., 35, 39

I

Ingwer 13
Internationale Datumsgrenze 12

J

James Caird 37–42

K

Kalmen 58
Känguru 26
Kap Hoorn 19, 23, 29, 40, 52, 58 f.
Karten 15, 17, 28, 60
Kohleschiff 14, 16 f.
Kolumbus, Christoph 6
Kon-Tiki (Floß) 46–51, 60
Kon-Tiki (Gott) 47 f.
Korallenriff 22, 61

L

Landkarten, frühe 8, 13 f., 21
Längengrad 8, 10, 18, 61

M

Magellan, Ferdinand 6–13
  Tod 11
Magellanstraße 8 f., 12, 44
Magellanwolken 10, 12
Mantarochen 26
Māori 21, 24
Matavai-Bucht 20, 29
Mazis 13
McCarthy, Timothy 31, 40 f.
McMurdo-Sund 31, 45
McNish, Harry 31, 38–42
Muskatnuss 13

N

Navigation 6, 14, 18, 25, 61
  nach den Sternen 10, 18, 49
  Gipsy Moth IV 54 f., 57
  Kon-Tiki 51
  nach Südgeorgien 38–40
Neue Welt 6
Neuholland 24, 26
Neuseeland 15, 19–21, 24–27, 46
Nordwestpassage 28

O

Ocean Camp 34–36
Orca 38
Osterinsel 28, 46 f.

P

Packeis 4, 28, 30–34, 36, 41, 43
Parkinson, Sydney 25–27
Passatwinde 13, 48
Patagonien 9
Patience Camp 36 f., 42 f.
Pazifischer Ozean 4, 8–15, 18, 20, 22 f.,
  28 f., 46–49, 51 f., 59
Peggotty Camp 40–42
Peilscheibe 25
Pelzrobbe 8, 30, 32, 35, 38, 43
Pemmikan 33
Philippinen 9–11
Phillip, Arthur 27
Pigafetta, Antonio 7–10, 12 f.
Piraterie 7, 12
Plymouth 52 f., 58 f.
Point Wild, Elephant Island 19, 29, 36–38,
  44 f.
Polynesier 23, 28 f., 46 f., 50 f.
Polynesisches Dreieck 23, 46
Port Jackson 27
Pressrücken 35
Protector, HMS 58
Ptolemäus 14

R

Ra II 50
Raroia-Atoll 50
Resolution 28
Rindenbast (Maulbeerbaum) 27
Ross-Schelfeis 45
Rossmeer-Trupp (Ross Sea Party) 31, 45
Royal Sydney Yacht Squadron 55

S

San Antonio 7–9, 12
San Julián 8 f., 13
Santiago 7–9
Schlangenmakrele 50
Schlittenhund 31, 33, 35
Sextant 18, 39 f., 55, 61
Shackleton, Sir Ernest 30–45
Skorbut 10, 14, 20, 35, 45, 61
Smith, Isaac 24
Snuggery 39, 44
Strafkolonie 27

T

Table Bay, Cape Town 27
Tahiti 15 f., 18–20, 22–25, 27, 29, 49
  Kanus 18, 24
Tasman, Abel 20
Tasmanien 26
Tierra del Fuego 9, 25, 42, 44
Tordesillas, Vertrag von 7
Trinidad 7, 9, 11–13
Tupaia 25

V

Venusdurchgang 15, 17–19, 25

W

Weltumsegelung 4, 7, 12 f., 52 f., 58
Wissenschaftliche Expedition 16 f., 28

Y

Yelcho 37, 42, 44 f.

DIE AUTOREN

Robyn Mundy

Seit über 14 Jahren besitzt die Autorin Robyn Mundy eine Leidenschaft für die Polargebiete, ihre Meere und großen Entdecker. Die Australierin hat mit Kaiserpinguinen in der Antarktis überwintert und befährt regelmäßig die Hochsee als stellvertretende Expeditionsleiterin auf Schiffsreisen. Ihr Roman *The Nature of Ice* ist 2009 erschienen.

Nigel Rigby

Nigel Rigby betreute im Jahr 1996 eine Ausstellung zum Seehandel im britischen Kolonialreich im National Maritime Museum in Greenwich, England. Heute leitet er die Forschungsabteilung des Museums. Sein besonderes Forschungsinteresse gilt europäischen Expeditionen in den Pazifikraum. Gemeinsam mit Kollegen hat er zwei Bücher zu diesem Thema geschrieben, die auf der Sammlung des Museums beruhen: *Captain Cook in the Pacific* (2002) und *Pioneers of the Pacific* (2005).

QUELLENNACHWEIS